rowohlts monographien
begründet von Kurt Kusenberg
herausgegeben
von Wolfgang Müller

Anna Freud

mit Selbstzeugnissen
und Bilddokumenten
dargestellt von
Wilhelm Salber

Rowohlt

Dieser Band wurde eigens für «rowohlts monographien» geschrieben
– unter Mitwirkung von W. Ernest Freud
Den Anhang besorgte Dipl.-Psych. Gloria Domke
Herausgeber: Beate Kusenberg und Klaus Schröter
Assistenz: Erika Ahlers
Umschlagentwurf: Werner Rebhuhn
Vorderseite: Anna Freud
(Foto: W. Ernest Freud)
Rückseite: Mit dem Vater bei der Ankunft in Paris, 1938
(Foto: Keystone)

Veröffentlicht im Rowohlt Taschenbuch Verlag GmbH,
Reinbek bei Hamburg, August 1985
Copyright © 1985 by Rowohlt Taschenbuch Verlag GmbH,
Reinbek bei Hamburg
Alle Rechte an dieser Ausgabe vorbehalten
Satz Times (Linotron 202)
Gesamtherstellung Clausen & Bosse, Leck
Printed in Germany
1080-ISBN 3 499 50343 3

11.–13. Tausend April 1991

Inhalt

Anna Freud

Von der Kleinsten zur Einzigen

Wäre es ein Junge gewesen, hätte das Kind, das am 3. Dezember 1895 zur Welt kam, «Wilhelm Freud» geheißen[1*]; so erhielt es den Namen Anna Freud, weil es nur ein Mädchen war. Für einen Jungen, der den Vornamen seines geliebten Freundes Wilhelm Fließ getragen hätte, hätte der Privatdozent Sigmund Freud auch ein Telegramm bezahlt. Für die Anna reichte eine Mitteilung in einem der vielen Briefe, die die Freunde miteinander tauschten.[2]

Briefe an Fließ zu schreiben, war die Lieblingsbeschäftigung des fast vierzigjährigen Freud, der sich immer noch auf der Suche nach seiner Lebensbestimmung sah – noch weit entfernt von einem Werk wie der «Traumdeutung». Einige Monate vor Annas Geburt fühlte er sich seiner Bestimmung nahe: er sah in der Psychologie den Tyrannen, den er brauchte.[3] Und er hatte seine ersten «Hefte» zu einer Psychologie bereits im September 1895 für Wilhelm Fließ fertiggestellt; sie erschienen postum unter dem Titel «Entwurf einer Psychologie».[4] Sigmund Freud ging darin von vornherein aufs Ganze: er wollte den Zusammenhang verstehen, der das Höchste und das Niederste, das einzelne Neurosensymptom und die umfassenden Regulationsprinzipien des Seelischen miteinander verband. In der Wandelbarkeit von «Sexualität» glaubte er die Lösung dieses Problems zu finden.[5]

Ein solches Konzept fällt natürlich nicht vom Himmel. Sigmund Freud stöhnte unter der «unmenschlichen» Arbeit, die er sich aufgebürdet hatte, um solch ein Räderwerk[6] – «eine Maschine, die von selbst geht» – aus seinen Beobachtungen zu entwickeln. Dabei mußte er ständig besorgt sein, ob er auch mit der Behandlung von Patienten genug Geld verdiente, seine große Familie zu ernähren. Das Arbeiten nahm pro Tag elf Stunden und mehr in Anspruch.[7] Daß Freud da nicht Lust und viel Zeit hatte, ständig an der Wiege von Anna zu sitzen, sie zu füttern und zu wickeln, läßt sich leicht ausmalen.

Überhaupt war das Versorgen der Kinder für Sigmund Freud nicht Sache des Vaters, sondern Sache der Mutter; der Vater ging mit den Kindern erst aus dem Haus, wenn sie sauber waren.[8] Annas Mutter hatte bereits fünf Kinder zu betreuen; Freude über etwas ganz Neues in ihrem Leben

---

* Die hochgestellten Ziffern verweisen auf die Anmerkungen S. 123 f.

Anna Freud mit den Eltern: Sigmund und Martha Freud, geb. Bernays

war daher bei Annas Geburt wohl auch nicht zu erwarten. Da Martha
Freud sich um einen ordentlichen Haushalt bemühte, hatte sie mit diesem
Mann, fünf Kindern – mit Anna jetzt sechs – und fünf Dienstboten viel zu
tun. Daß ihr das bewundernswerte Kunststück gelang, das Lebensfeld für
ein Genie und sechs Kinder einigermaßen störungsfrei zu organisieren,
war mit vielen Anstrengungen verbunden. Da legt sich Biographen leicht
die Vermutung nahe, Anna sei ein unerwünschtes Kind gewesen. Ihr Vater schrieb später an Lou Andreas-Salomé, es sei «weise» gewesen, sie
«gemacht zu haben»[9] – aber auch das mag man verschieden deuten.

Eines läßt sich jedoch sicher sagen: Anna kam in eine Welt, in der nicht
viel freier Raum für unbeschäftigte Energie war – alle hatten genug zu
tun. Für fünf Geschwister kam da noch jemand, der etwas von ihrem
Guthaben beanspruchte; nur einem Kind allein konnte sich die Mutter

nicht widmen. Allerdings stieß um die Zeit von Annas Geburt auch ein neuer Helfer zur Familie, Frau Marthas Schwester Minna, eine Gouvernante. Martha verstand sich gut mit ihrer Schwester; für Freud wurde Minna neben Wilhelm Fließ ein zweiter Zuhörer und Bewunderer. Für Anna ergab sich daraus die Lage, daß sie mit zwei Müttern aufwuchs – das erleichtert die Lösung aus allzu festen Anklammerungen an eine fürsorgliche Person; das bringt aber auch Probleme von Zugehören und Verrat, Zwiespältigkeit und einen «doppelten Blick» mit sich. Vielleicht gerieten Anna und ihre Mutter auch aus diesem Grunde in ein gespanntes Verhältnis zueinander.

Anna war ein munteres Persönchen, das in dieser großen Familie Halt zu finden suchte, indem es ausnutzte, was einem Nesthäkchen – einige

Mit den Geschwistern: von links Anna, Mathilde, Sophie, Oliver, Martin, Ernst

Anna und Sophie

Zeit zumindest – zugebilligt wurde: es produzierte das Bild eines «frechen» und «schlimmen» Mädchens.[10] Dadurch konnte Anna auf das Familiensystem in ihrer Weise einwirken: sie sprach «Wahrheiten» aus, über die man sonst nicht sprach; sie ließ «unordentliche» Tendenzen in einem ordentlichen Haushalt zum Vorschein kommen, die sich die Geschwister schon abgewöhnt hatten. Bis ins Alter hatte Anna Freud Spaß an *Klein-Moritz-Geschichten*[11], bei denen ein Junge offen ausspricht, was alle denken oder wünschen; damit konnte sie würdevoll auftretende Menschen im Gespräch mit ihren Freundinnen in ein ganz anderes Licht rücken.

Anna verwackelte die schön gestellten Familienfotos; sie gab zum Vergnügen ihres Vaters altkluge Bemerkungen von sich; sie war offensichtlich sprachlich nicht zurückgeblieben. Sie erzählte auch später noch gern ihre Bemerkung zu Tante Minnas Geburtstag: *An Geburtstagen bin ich meistens ein bißchen brav.*[12] Aber das Seelenleben, das sich hier entwickelt, ist wohl mehr für den unbeteiligten Erwachsenen «drollig» – er sieht eine Oberfläche, unter der sich ihm unbekannte Wünsche, Ängste, Konflikte bewegen. Sie können zu solchen Verwandlungen führen, daß aus der schlimmen Vierjährigen eine stille Sechsjährige wird. Die Analyse der seelischen Struktur eines sechsjährigen Mädchens durch Anna Freud kann davon einen Eindruck geben. Das Mädchen kam in Behandlung, weil es still, schwierig und unerfreulich war.

Das kleine Mädchen hatte, wie die Analyse aufdeckt, eine frühe und leidenschaftliche Liebe zum Vater durchgemacht und war in der gewöhnlichen Weise durch die Geburt der nächsten Geschwister von ihm enttäuscht worden. Ihre Reaktion darauf war eine außerordentlich starke. Sie gab die kaum erreichte genitale Phantasie zugunsten einer vollen Regression zum analen Sadismus auf (Rückzug auf primitivere Formen). *Sie wendete ihre Feindseligkeit gegen die neuangekommenen Geschwister. Sie machte einen Versuch, sich den Vater, von dem ihre Liebe sich fast völlig abgewendet hatte, wenigstens durch Einverleibung zu erhalten.* (S. Freud charakterisierte Analsadismus als Bemächtigung, Oralität als Einverleibung.) *Aber die Bemühungen, sich als Mann zu fühlen, scheiterten an der Konkurrenz mit einem älteren Bruder, von dem sie erkannte, daß er körperlich besser für die Aufgabe ausgerüstet war. Das Resultat war jetzt eine intensive Feindseligkeit gegen die Mutter: Haß gegen sie, weil sie ihr den Vater weggenommen hatte; Haß, weil sie sie nicht zum Knaben gemacht hatte; und Haß schließlich, weil sie die Geschwister geboren hatte, die die Kleine gerne selbst zur Welt gebracht hätte. Aber an dieser Stelle – etwa im vierten Lebensjahre des Kindes – geschah etwas Entscheidendes. Sie erkannte dunkel, daß sie auf dem Weg war, durch diese Haßreaktionen jede gute Beziehung zu der aus der ersten Kindheit doch sehr geliebten Mutter zu verlieren. Und um sich die Liebe zu ihr und noch viel mehr das Geliebtwerden durch sie, ohne das sie nicht leben konnte, zu retten, machte sie eine gewaltige Anstrengung, brav zu werden. Sie trennte plötzlich wie mit einem Schnitt all diesen Haß und mit ihm ihr ganzes, aus analen und sadistischen Handlungen und Phantasien bestehendes Sexualleben von sich ab und stellte es ihrer eigenen Person als etwas Fremdes, nicht mehr Dazugehöriges, etwas «Teuflisches» gegenüber. Was zurückblieb, war nicht viel: eine kleine eingeschränkte Person, die ihr Gefühlsleben nicht voll zur Verfügung hatte und deren große Intelligenz und Energie damit beschäftigt war, den «Teufel» in der ihm aufgezwungenen Verdrängung (Fernhalten vom Bewußten) zu erhalten. Für die Außenwelt blieb dabei nicht viel übrig als eine große Interesselosigkeit und laue Gefühle von Zärtlichkeit und Zuneigung zur Mutter, die nicht stark genug waren, um auch nur die geringste Belastung auszuhalten. Aber noch mehr als das: die Trennung ließ sich auch bei großem Energieaufwand nicht anhaltend durchführen. Der Teufel überwältigte sie gelegentlich auf kurze Zeit, so daß Zustände entstanden, wo sie sich ohne rechten äußeren Anlaß auf den Boden hinwarf und schrie, in einer Weise, wie man sie früher wohl als Besessenheit gekennzeichnet hätte; oder wo sie sich plötzlich ihrer anderen Seite überließ und mit vollem Ge-*

«Charcots Vorlesung» hing in Sigmund Freuds Arbeitszimmer. Als Anna Freud nach dem Leiden der Patientin fragte, antwortete ihr Vater, sie sei zu eng geschnürt gewesen

nuß in sadistischen Phantasien schwelgte, sich etwa vorstellte, wie sie das Haus ihrer Eltern vom Dachboden bis zum Keller durchwanderte, alle Möbel und Gegenstände, die sie vorfand, zerstückelte und zum Fenster hinauswarf, und allen Personen, die sie antraf, kurzerhand den Kopf abschlug. Solche Überwältigungen des Teufels waren dann immer wieder von Angst und Reue gefolgt. Aber das abgetrennte Böse hatte noch eine weitere, noch gefährlichere Art, sie zu durchdringen. Der «Teufel» liebte Kot und Schmutz; sie selbst fing allmählich an, eine besondere Ängstlichkeit im Einhalten von Reinlichkeitsvorschriften zu entwickeln. Für den Teufel war das Kopfabschlagen eine Lieblingsbeschäftigung; sie mußte zu gewissen Zeiten morgens zu den Betten der Geschwister schleichen, um nachzusehen, ob alle noch am Leben waren. Der Teufel überschritt jedes menschliche Gebot mit Energie und Vergnügen; sie aber entwickelte abends vor dem Einschlafen eine Erdbebenangst, da jemand ihr beigebracht hatte, das Erdbeben sei die wirksamste Form, wie der liebe Gott die Menschen auf der

Erde zu bestrafen pflege. So machte ihr tägliches Leben alle Anstalten, sich mit Ersatz-, Reue- und Bußhandlungen für die Taten des abgetrennten Bösen zu erfüllen. Wir würden sagen: der großartig angelegte Versuch, sich die Liebe der Mutter zu erhalten, sozial und brav zu werden, war kläglich gescheitert; es war nichts daraus geworden als eine Zwangsneurose[13] (die allerdings auch ganz spontan in eine Heilung hätte auslaufen können).

Bei der kleinen Anna Freud wandelt sich die *Schlimmheit* offenbar in eine «spontane Heilung» – sie wird ein an vielem interessiertes braves Mädchen, das sehr gute Schulleistungen bringt und stolz auf ordentlich-schöne Kleider ist.[14] Es geht für sie weiter in dieser Familien- und Schulwelt, indem sie sich in deren Organisation einordnet. Das bringt den Vorteil, daß man den Müttern gefällt, mit den Geschwistern wetteifern kann, näher an die Erwachsenenwelt und nicht zuletzt an den «großen», etwas fernen Vater herankommt.

Sigmund Freud war ein Vater auf Distanz und ein Ferien-Vater. Sein Sohn Martin hat die Wirkung des «abwesenden» Vaters beschrieben[15]: seine Kinder sahen nicht viel von ihm, für sie schien er immer zu arbeiten («bis zu achtzehn Stunden pro Tag») – aber wenn ihnen etwas Unliebsames passierte, kam er zu ihrer Rettung «aus den Höhen seines Olymp». Anna erlebte sich als die «Kleinste», die von den anderen oder einer Erkrankung auch noch weiter abgedrängt wurde; hielt sie das mit Fassung aus, dann war die Anerkennung des Vaters höchster Lohn.[16] Wenn Ferien waren, tauchte dieser Vater mit «fröhlichem Herzen» mitten in der Familie auf, war nett, sammelte Pilze, wanderte mit den Kindern. Ehe sich dann Konflikte anhäufen konnten, war er wieder weg oder im Schonpark seiner wichtigen Arbeit.

Um einen solchen Vater ranken sich Träumereien besonders leicht; für ihn lohnt es sich, brav zu werden, Opfer zu bringen und die Schlimmheiten ins Reich der Phantasien zu verlagern und auch noch zu bekämpfen. Opfer-Bringen und Vorweisen braver Leistungen gehen durchaus mit einem reichen und dramatischen Phantasieleben zusammen. Daß Opfer gebracht werden müssen, gibt dem Seelenleben ein Gefühl von Tätigkeit und Überwindung des Schlimmen; Opfer berechtigen zu Erlösungshoffnungen; sie stellen ein Gegengewicht dar zu heimlichen Träumereien. Sie stärken das Erleben, man sei aktiv, tätig und habe die Dinge in der Hand.

Anna Freud liebte Heinrich Heines Gedicht vom belohnten Opfer der beiden Grenadiere Napoleons.[17] Sie sah sich gerne Rostands «Cyrano de Bergerac» an, dessen Opfer leider erst zu spät erkannt wird.[18] Wahre Geschenke sah sie auch noch im Alter nur in den Geschenken, die ein Opfer waren – weil man sie selbst gerne gehabt und behalten hätte. Im Opfer erkennt man die Bedeutung dessen an, was aufzugeben ist, und wendet sich zugleich doch intensiv dagegen. Wir werden Annas Krise nach Beendigung ihrer Schulausbildung besser begreifen, wenn wir sie als Frage danach verstehen, ob die Opfer sich gelohnt haben – ihre Schwester Sophie heiratet damals und Anna selbst weiß nicht, wie es weitergeht.

Sophie und Anna

Zunächst bringt das Vorankommen in der Schule seinen Lohn; Anna entspricht den Erwartungen einer bürgerlichen Familie, und sie kann ihre Klassenkameradinnen beherrschen. Neben Erzählen und Aufsätze-Schreiben muß ihr das Gedichte-Lernen Spaß gemacht haben; die Zeile eines Gedichts riß Anna Freud auch später noch aus der analytischen Distanz in einen Wettkampf, wer das Gedicht besser aufsagen könne – sie oder ihr Patient. Nur mit dem Singen klappte es nicht so richtig. Zu ihrer Lektüre zählen neben Heine, C. F. Meyer, Rilke auch Karl Mays Indianerbücher (die Orientabenteuer kennt sie nicht)[19]; diese Jungengeschichten erlaubten es ihr, sich auch einmal als «Wilhelm Freud» zu erleben.

Anna durchläuft zunächst zwei Klassen einer Privatschule, dann die Volksschule, dann ein privates Lyzeum. Die Abschlußprüfung berechtigt zum Lehrerstudium, nicht zum Universitätsstudium; dazu hätte sie ein Gymnasium besuchen müssen. Danach beginnt sie eine Ausbildung als Lehrerin; nach den beiden Lehrer-Prüfungen nimmt sie eine Stelle an dem Lyzeum an, auf dem sie ihre eigene Schulzeit verbrachte.[20] Das war eine Ausbildung, wie sie damals für «höhere Töchter» angemessen gefunden wurde. Die Familie Freud suchte sich auch auf diese Weise in der bürgerlichen Welt Wiens einzurichten. Sie entstammte einer hierarchischen jüdischen Familienordnung – noch der Vater von sechs Kindern mußte sonntags seiner Mutter die Aufwartung machen; was ihm Magen- und Darmbeschwerden verursachte.[21] Sigmund Freuds Arbeitsfron diente auch dem Ziel, ihm und den Seinen eine Position zu sichern im «geistigen» Bürgertum Wiens: unter Ärzten, Professoren, Schriftstellern, Sammlern, Reisenden, Kaufleuten. Diesem Bürgertum eiferte die Freud-Familie mit Mobiliar, Bibliothek, Sammlung, Dienstpersonal und Erzieherinnen nach. Es war die «Kultur» Wiens, nicht das «Wiener Leben», das den Freuds einen liberal-konservativen Rahmen für Erstrebenswer-

Anna in ihrem «schönen»
Schülerinnen-Mantel

tes setzte. Dazu gehörte, daß Freud und seine Frau nicht daran dachten, aus der Kinderstube einen psychoanalytischen Experimentierraum zu machen.[22] Es ist sicher falsch, anzunehmen, Martha Freud sei sich nicht darüber im klaren gewesen, welche Umwälzung des Denkens die Theorien ihres Mannes mit sich brachten. Dazu drehten sich ihre Tätigkeiten viel zu sehr um ihn – selbst die Zahnpasta soll sie für ihn ausgedrückt haben.[23] Und sie genoß auch seinen steigenden Ruhm; sie wurde die «Frau Professor». Ein «wildes Leben» kam aber für beide nicht in Frage.

Ganz im Sinne des Bürgertums um 1900 hatte für die Freud-Familie das Verreisen und Herumreisen besondere Bedeutung; manchmal war der Vater dabei, manchmal nicht. Reisen gehörte zum Leben. Die Familie war bei diesen Reisen nicht unteilbar; sie verteilte sich auf mehrere Orte, zog zusammen, einzelne durften mit dem Vater weiterbleiben oder -reisen. Sigmund Freud schrieb auf solchen Reisen manche Partien seiner Bücher, und bei einer Reise mit ihm im Jahre 1909 hatte Anna ihre ersten Gespräche über Psychoanalyse.[24] Sigmund Freud wollte es seinen Leistungen – und Opfern – verdanken, in die bürgerliche Welt Wiens aufgenommen zu werden. Wer seine Arbeiten liest, wird jedoch nicht annehmen, er habe sich mit seinen Auffassungen einzuschmeicheln und anzupassen gesucht. Sein Anerkanntwerden-Wollen stand ganz unter dem Motto «Dennoch». Daher mußte er zunächst einige Jahre eine gewisse Isolierung ertragen; auch seine Ernennung zum Professor wurde erst 1902 bestätigt, nachdem Patienten zu seinen Gunsten einen Gemäldetausch mit dem Minister gemacht hatten.[25] Für die Schülerin Anna war es wichtig, einen Professor-Vater zu haben[26]; für Freud selbst war es vielleicht noch bedeutsamer, daß jetzt Wiener Kollegen zu ihm kamen, um in gemeinsamen Gesprächen seine Lehre kennenzulernen. Seit 1902 steigt die Zahl der Verehrer Freuds – das macht Eindruck auf Anna; es rückt den Vater zwar noch etwas weiter weg, aber es hebt ihn in dieser Männergesellschaft auch um so höher.

Freud weiß, was seine «Traumdeutung» und die «Drei Abhandlungen zur Sexualtheorie» wert sind – sie sind der Beginn einer wirklichen Tiefen-Psychologie. Selbstbewußt läßt sich Freud zum 50. Geburtstag eine Porträt-Medaille verehren.[27] 1906 bestellt er Otto Rank zu seinem Sekretär und läßt die Männergespräche protokollieren; da ist Anna zehn Jahre alt. Im Laufe der nächsten Jahre kommen Alfred Adler, Carl Gustav Jung, Wilhelm Stekel, Paul Federn, Ernest Jones, Christian von Ehrenfels und viele andere zu Besuch. Annas Vater fährt 1909 nach Amerika, er wird dort von der Clark University geehrt.[28] Das ist für ein dreizehnjähriges Mädchen ein Beweis für die Größe seines Vaters und auch ein Ansporn, das eigene Können auszubauen und unter Beweis zu stellen; neugierig lauscht Anna auf der Treppe, wenn die großen Männer miteinander reden.[29]

Allerdings erlebt das Mädchen etwas später dann auch, daß diese faszinierende Männerwelt kein Bund für einen ewigen Frieden ist. Ganz sei-

Sigmund Freud und Anna auf einer Wanderung

Medaille zum 50. Geburtstag von Sigmund Freud

ner Theorie entsprechend gerät Freud in die Umsturzversuche und Rebellionen seiner als «Söhne» angenommenen Kollegen – 1913 gibt er es
ihnen mit «Totem und Tabu»[30] nochmals schriftlich, daß so etwas ein ar-
chaisches Gesetz ist. Wenn Anna also Neigungen entwickelte, über den
Beruf der Lehrerin hinauszugehen und in der Welt der Männer eine Rolle
zu spielen – vielleicht wie Lou Andreas-Salomé, die um die Zeit der Auseinandersetzung mit Adler «in der Schule bei Freud» ist –, dann zeigt ihr
der Kampf um die Psychoanalyse, daß im Seelischen alles eine Kehrseite
hat.

Nach ihrer «Reifeprüfung» zeigt sich auch, daß die sechzehnjährige
Anna selbst in einer Krise steckt. Sie kristallisiert sich heraus sowohl
durch die erste Festlegung auf einen Beruf als auch durch die bevorste-
hende Hochzeit ihrer Schwester Sophie. Sophie war die Lieblingstochter
Freuds, ein zartes, etwas kränkliches Mädchen, in das sich jüngere Besucher der Freud-Familie sofort verliebten. Anna und Sophie bewohnten
ein Zimmer; sie standen einander nahe. Annas Schulfreundin erzählt, sie

habe ihr versprechen müssen, für Sophie zu sorgen, wenn ihr etwas passierte[31] – das ist eine komplizierte Bearbeitung der Geschwisterrivalität. Jetzt wollte Sophie den Fotografen Max Halberstadt heiraten und nach Hamburg ziehen; damit war der Kinderbund Anna–Sophie und ein Stück der alten Familienordnung aufgelöst.

Der Vater wie die Tochter spürten in der Zeit um 1912 einen Bruch in der Kontinuität der Entwicklung – die Rebellion gegen Freud hörte nicht auf; die Familienmitglieder gingen eigene Wege. Der Alte, der auf die Sechzig zuging, behandelte dieses unvermeidliche Problem in einer Arbeit über «Das Motiv der Kästchenwahl»[32]: hinter den manifesten Gestalten dreier Frauen tritt die Gestalt des Schicksals, das uns an den Tod heranführt, zutage. Wir tun so, als könnten wir auch da noch wählen, wo über uns entschieden wird. Anna konnte die Gewalt der Umwandlung nicht in ähnlicher Form behandeln: ihr Schreiben von Familiendramen, nach Aussagen ihrer Schulfreundin in «Schwarzen Heften», half offenbar nicht. Sie versank in Stimmungen, Träumereien und den Mustern ihrer Strickereien. An Lou Andreas-Salomé schrieb sie später, sie habe häufig

Lou Andreas-Salomé

Tagträume gehabt, auch mit Schlagephantasien; sie spricht auch von einem unvollendeten Roman («Heinrich Mühsam»), der sich in Form eines Tagtraums weiterspann.[33]

Man kann die Krise als Ausdruck einer sich ausbreitenden Unruhe sehen: etwas drängt auf ein neues und umfassendes Bild davon, wie das Leben weitergehen kann. Das Vorankommen von Klasse zu Klasse in der Schule ist kein Gerüst mehr; für Schulerfolge werden keine Opfer mehr verlangt – wozu denn sonst? Was gebändigt war, kommt wieder auf, damit aber auch Angst und Abwehr. Wie jede Phase der Entwicklung bietet auch diese Krise dem Unterdrückten wie der Umgestaltung eine andere Chance. Träumen und Stricken bändigen in gewisser Weise die Unruhe, lösen aber die Probleme nicht: Wird sie Lehrerin bleiben? Oder wird jemand auch sie heiraten, wie die Schwester? Wie ist es mit dem Weiterkommen, mit dem Streben in die Welt der Männergesellschaft? Gibt es noch Höheres oder Besseres für sie? In welchem Bild soll sie sich finden? Mit Ausreden wollte Anna Freud sich nicht zufriedengeben; sie sucht nach Auswegen. Mit Zweifeln an ihrer Schönheit wird sie fertig, indem sie damit rechnet, es hinge von ihren Verdiensten ab, wie sie später aussehe.[34]

Sigmund Freud spürte, daß sich nach der Schulabschlußprüfung etwas anbahnte. Das Rezept, nach dem er seine Tochter zu behandeln suchte, war «Reisen!» – acht Monate Italien. Aber das wurde in einen fünfmonatigen Aufenthalt in Meran abgeändert; weil die Familie sich um Sophies Hochzeitsvorbereitungen kümmern mußte und Anna offenbar zu belastet war, um herumreisen zu können. In einem Brief zum siebzehnten Geburtstag Annas macht der Vater sich Sorgen über ihre gebeugte Haltung und über ihr Stricken.[35] Seine alten Freunde deuteten das Stricken der ersten Freud-Anhängerinnen rüde als Ersatz für Sexualbetätigung.[36] Es ist auffällig, daß die erste Arbeit von Anna Freud als Analytikerin sich mit Tagträumen[37] beschäftigt und daß sie das Buch von Julien Varendonck über den Tagtraum aus dem Englischen übersetzt.[38] Auch ihre Bemerkung, sie hätte Geschichten mit *übernatürlichen Elementen* nicht gemocht, in denen Tiere sprechen und Unmögliches geschieht[39], spricht dafür, daß sie mit scheinbar «realistischen» Wachträumereien beschäftigt war.

Tagträume sind nicht zufällige Spinnereien – daher werden sie oft nicht bewußt; wie die nächtlichen Träume handeln auch sie zentrale «Lebenskreise» in versteckter Form ab. Die erste psychoanalytische Untersuchung Anna Freuds aus dem Jahre 1922[40] kann das verdeutlichen. In ihr berichtet sie über ein fünfzehnjähriges Mädchen, das trotz ausgiebiger Tagträumereien nie in Konflikt mit der Realität geraten war. Vor der Einschulung hatte das Mädchen *Phantasien* von einem Knaben gehabt, der geschlagen wurde; damit verband sich eine autoerotische Befriedigung. Die Analyse deckt auf, daß das der Ersatz für eine frühere Phase ist – der Knabe in der Phantasie war das Kind selber, das von seinem Vater ge-

Anna im Dirndlkleid

schlagen wurde. Aber auch das war bereits eine *Umwandlung* des Ödipuskomplexes: das Mädchen nahm ursprünglich die Liebe des Vaters für sich allein in Anspruch, während seine Geschwister-Rivalen gezüchtigt werden sollten [144]. Durch ihre Wandlungen hindurch behält die Schlagephantasie immer den geheimen Sinn: *Der Vater liebt nur mich*; in ihr wird die Liebessituation in sadistisch-analer *Sprache* ausgedrückt (die Bemächtigung ist bezogen auf die Polarität von aktiv und passiv).

Das Mädchen macht nun durch Jahre hindurch (immer mißlingende) Versuche, die Phantasie und die abschließende autoerotische Betätigung voneinander zu trennen und dabei die mit den Ansprüchen des Ich als unvereinbar empfundene sexuelle Befriedigung aufzugeben; weil das mißlingt, wird auch die Phantasie mehr und mehr verpönt. Gleichzeitig jedoch beginnt das Kind *schöne Geschichten* auszugestalten: es baut *kunstvolle* Tagträume aus, in denen alle Einzelheiten dem wirklichen Leben so getreu als möglich nachgebildet werden [146] – ohne Schuldgefühle, vielmehr von einem Glücksgefühl begleitet.

Für das inzwischen fünfzehnjährige Mädchen gab es keine Verbindung zwischen den alten Phantasien und den neuen Tagträumen. Aber der *Bau* der Tagträume läßt schon einiges ahnen: ein gefangener Knabe wird durch einen gewalttätigen Burggrafen gequält, aber dann doch noch geschont – in dem Augenblick, in dem sich Wut in Güte *verwandelt*, löst sich die Erregung in ein Glücksgefühl. Ziemlich monoton zeigen alle Variationen das gleiche *Gerüst* [151].

In dieser Struktur liegt die von der Tagträumerin nicht geahnte *Analogie* der schönen Geschichte mit der Schlagephantasie: es geht um Starke und Schwache, passiv und aktiv, um Vergehen und Verzeihung, um Angst und Spannung. Ein Gegensatz liegt erst in der Verschiedenheit der Lösung: hier (lustvolle) Züchtigung, dort (lustvolle) Versöhnung. Von den *Umwandlungsprozessen* des Kernkomplexes her gesehen erweist sich der angebliche Fortschritt zur schönen Geschichte als *Rückkehr* zu der Liebessituation einer früheren Phase.

Die Fotos der heranwachsenden Anna zeigen sie einmal verträumt-versonnen, einmal düster-depressiv, dann wieder kindlich-heiter. Aus dieser Zeit stammt auch das berühmte «Leitbild» mit Freud als Wandersmann und Anna als Dirndl. Ihr Vater hoffte, Anna werde aus ihrer Krise «vernünftig» und «verwandelt» zurückkommen; sie sollte lernen, ihre Absichten «weniger heiß» zu nehmen; er rät ihr zu faulenzen und das Leben zu genießen. Für ihre Rückkehr verspricht er ihr eine eigene Zimmereinrichtung.[41] Er selbst kam, sie abzuholen; sie trafen sich in Bozen, Annas *Lieblingsstadt*, und reisten über Verona, Venedig, Triest nach Wien zurück.[42] In einem Brief an Ferenczi bringt Freud die neue Beziehung zu der einzigen im Elternhaus verbliebenen Tochter Anna mit einer «subjektiven Bedingung» der Thematik zusammen, die im «Motiv der Kästchenwahl» zum Ausdruck kam.[43]

Sigmund Freud begann sich auf Reisen und Wanderungen mit Anna über die Psychoanalyse zu unterhalten. Das stand zunächst sicher nicht unter dem Gedanken, ihr einen neuen Beruf vorzuschlagen. Sie bereitete sich vielmehr auf ihr erstes Lehrer-Examen vor, das sie im Juni 1914 ablegte.[44] Lohn für die Mühen war diesmal eine Reise nach England. Anna wurde auf diese Reise geschickt, obwohl Ende Juni der Thronfolger von Österreich-Ungarn in Sarajewo ermordet worden war. Sigmund Freud war politisch naiv und ahnte nicht, daß vieles auf eine große Auseinandersetzung zwischen den Mächten drängte. Zehn Tage nach Annas Abreise zu den Verwandten in England erklärte ihr Vaterland dem verhaßten Ser-

Gratis! **3. Extra-Blatt.** **Gratis!**

Vossische Zeitung

Königlich privilegirte Berlinische Zeitung von Staats- und gelehrten Sachen.

Im Verlage von Ullstein & Co. Verantwortl. für die Redaction: H. Bachmann in Berlin. Haupt-Geschäftsstelle Breite Str. 8/9, Berlin C. Telephon: (Zentrale im Hause) Amt Zentrum 8082, 8620, 8691, 8692. für Ferngespräche Amt Zentrum 10 642, 10 643

Der österreichische Thronfolger und seine Gattin ermordet.

Einer grauenvollen Bluttat sind der Erzherzog-Thronfolger Franz Ferdinand von Oesterreich-Ungarn, und seine Gattin, die Herzogin von Hohenberg, zum Opfer gefallen. Durch Schüsse serbischer Fanatiker wurden sie ermordet, nachdem sie einem Bombenattentat, durch das einige Offiziere aus ihrem Gefolge und einige Personen aus dem Publikum verwundet wurden, entgangen waren. Ueber das furchtbare Ereignis wird uns telegraphiert:

Sarajewo, 28. Juni. (Telegramm unseres Korrespondenten.) Als der Erzherzog-Thronfolger Franz Ferdinand und seine Gattin, die Herzogin von Hohenberg, sich heute Vormittag zum Empfange in das hiesige Rathaus begaben, wurde gegen das erzherzogliche Automobil eine Bombe geschleudert, die jedoch explodierte, als das Automobil des Thronfolgers die Stelle bereits passiert hatte. In dem darauffolgenden Wagen wurde der Major Graf Boos-Waldeck von der Militärkanzlei des Thronfolgers und Oberstleutnant Merizzi, der Personaladjutant des Landeshauptmanns von Bosnien, erheblich verwundet. Sechs Personen aus dem Publikum wurden schwer verletzt. Die Bombe war von einem Typographen namens Cabrinowitsch geschleudert worden. Der Täter wurde sofort verhaftet. Nach dem festlichen Empfang im Rathause setzte das Thronfolgerpaar die Rundfahrt durch die Straßen der Stadt fort. Unweit des Regierungsgebäudes schoß ein Gymnasiast der achten Klasse (Primaner) namens Prinzip aus Grabow aus einem Browning mehrere Schüsse gegen das Thronfolgerpaar ab. Der Erzherzog wurde im Gesicht, die Herzogin im Unterleib getroffen. Beide verschieden, kurz nachdem sie in dem Regierungskonak gebracht worden waren, an den erlittenen Wunden. Auch der zweite Attentäter wurde verhaftet, die erbitterte Menge hat die beiden Attentäter nahezu gelyncht.

bien den Krieg; dann folgte eine Kriegserklärung der anderen, und der Erste Weltkrieg brach aus.

Mit Hilfe englischer Freunde der Psychoanalyse und des österreichischen Gesandten konnte Anna ihren ersten England-Aufenthalt ohne

Anna als Lehrerin

Internierung beenden. Sie reiste über Gibraltar im August nach Wien zurück.[45] Hier fand sie das Elternhaus leer von den Brüdern und Schwestern: sie war nun das einzige «Kind» in der Berggasse 19. Ihre Schwestern waren verheiratet, ihre Brüder Soldaten im Dienst der Monarchie[46]; die ganze Welt stand unter der Last eines großen Krieges. Damit war für das jüngste Kind eine Lage entstanden, die die Wiederkehr kindlicher Wünsche begünstigen und zugleich die inzwischen erworbenen Mechanismen des Bewältigens und Umwandelns auf die Probe stellen konnte.

Für Anna Freud wurde der Erste Weltkrieg Durchgang zu einer neuen Position gegenüber der Lebenswirklichkeit und gegenüber der Männerkultur der Jahrhundertwende: die Psychoanalyse wurde für sie das Mittel, sich mit einem überholten Bild vom Menschen auseinanderzusetzen und ein Bild von sich selbst zu entwickeln, das weder durch die Familienkonstellation noch durch die übliche gesellschaftliche Einschätzung der Frau zu begrenzen war. Der Krieg, das von Rivalen entblößte Haus, die neue intellektuelle Beziehung zum Vater, ein eigener Beruf – das alles fügt sich zu einem Lebensfeld, in dem Anna Freud die Stellenwerte ihres Lebens anfangs gleichsam noch einmal neu bestimmen kann. Natürlich läßt sich die Geschichte ihres Charakters damit nicht einfach aufheben; aber sie hat um 1915 ihre geschichtliche Chance, ein anderes Bild vom Leben zu gestalten, als es ihr vorbestimmt erschien oder in Träumereien, Stimmungen und Ausdrucksnöten hin und her schwankte.

Auf einmal scheint die Kleinste doch die Einzige, die Größte, die Auserwählte werden zu können – das wirkt wie eine Bestätigung früher *teuflischer* Wünsche; aber Anna ist jetzt auf der Hut – ohne Umwandlung, Hemmung, Einordnung, Leistung kann alles schiefgehen. Daher ist auch das zarte, zurückhaltende Mädchen, das nicht gern den Mund aufmacht und das wählerisch-reserviert tut, nicht einfach Folge der «weiblichen Natur»: das ist eine hochgezüchtete Form des Vermeidens äußerer und innerer Konflikte. Die Psychoanalyse bietet ihr die Möglichkeit, kindliche Wünsche und kindliche Neugier in psychologische Arbeit umzusetzen.[47]

Wenn man nicht ahnungslos zum Lehrer von Kindern wird, kann das Lehrer-Werden bei der Durchformung einer solchen Struktur eine wichtige Stütze bilden. Die Probleme der Binnenregulation des Seelischen, die durch die neue Lage Annas aufgerufen wurden, ließen sich zum Teil in entäußerter Form ausgestalten und behandeln. Ein Lehrer darf und muß Kindliches *kommen lassen* und steht dem zugleich als Großer, der die Sache steuern und weiterformen kann, gegenüber. Jeden Tag wird die Regulation neu ins Werk gesetzt – mal darf sich das Kindliche, mal seine Umwandlung stärker äußern. Das wird Anna Freud als Kinderanalytikerin bei ihrer Behandlung von Störungen ausdrücklich aufgreifen (Teufelsmädchen).

Lehrer-Werden kann eine Möglichkeit oder Methode sein, seine Kindheit zu erhalten und doch über sie hinauszugelangen. Es bringt ein Gefühl mit sich, daß Einsatz, Steuerung, Etwas-leisten-Können Spaß machen; das bestätigt dann den Halt und die Berechtigung, die unsere Ausdrucks- und Verarbeitungsformen mit sich bringen – das macht die Opfer süß, belohnt die Zähmung und das Aufgeben direkter Befriedigung.

Anna Freud wirkte als Lehrerin (bzw. Kandidatin) an ihrer alten Schule. Ihr Unterricht «konnte das Fadeste lustig machen»[48]; sie verstand die Kinder und half ihnen bei der Einordnung in die Schule. Sie fesselte sie durch ihre Erzählungen; sie spielte für sie den Nikolaus, sie «bestrickte» sie in doppeltem Sinne. Aber sie wollte auch etwas beibringen. Dazu hatte sie ihre Maximen bei der Hand – *Essen ist schön, Bücher sind schön, aber beides verträgt sich nicht zusammen.*[49] Da sie sich immer stärker mit der Psychoanalyse ihres Vaters beschäftigte, gewann sie damit sowohl eine zusätzliche Hilfe als auch einen neuen «Sinn» für ihr Lehrer-Geschäft.

Anna mit Handarbeit, 1925

Anna Freud war von ihrem 20. Lebensjahr bis zu ihrem 25. Lebensjahr als Lehrerin tätig.[50] Große Chancen für junge Männer, sie dem Lehrerberuf abspenstig zu machen und sie zu einer Liebesbeziehung oder einer Heirat zu bewegen, waren nicht gegeben. Der Krieg entblößte das Land von allen Heiratskandidaten; diese hätten es bei Anna wegen ihrer vorsichtigen Panzerung sowieso nicht leicht gehabt – aber nun verminderte der Erste Weltkrieg die Aussichten auf ein Eheschicksal ziemlich radikal.

Was für Anna Freud besser gewesen wäre, ist eine völlig müßige Frage – wer weiß schon, was die Façon war, nach der sie selig werden konnte; wir sehen allenfalls, wie sie mit dem Leben zurechtgekommen ist.

Schließlich war Anna auch Anna Freud, und sie war in einer Lage, in der sie sich dem verehrten großen Vater nähern konnte – jetzt unter ganz anderen Vermittlungsmöglichkeiten als in der Kindheit. In gewisser Weise gelang Anna Freud ab 1915 eine neue Vermittlung zwischen ihren seelischen Mächten und damit auch zwischen sich und ihrer Mitwelt, und zwar in jeder Hinsicht unter dem Blick der väterlichen Psychoanalyse. Aus dieser neuen Selbst-Aneignung wird dann in den zwanziger Jahren so etwas wie eine Einverleibung von Psychoanalyse werden, die Anna zu einem leidenschaftlichen Mittler für Lehre und Leben ihres Vaters macht.

Sigmund Freud kam seiner Tochter in mannigfaltiger Weise entgegen. Er nahm sie als Gesprächspartnerin an – seit den Spaziergängen 1909 – und unterrichtete sie über die Auffassungen der Psychoanalyse. Er ließ sie an seinen Vorlesungen und später an seinen Seminaren teilnehmen; sein Kollege Wagner-Jauregg und seine Anhänger Schilder und Hartmann erlaubten ihr, an den Visiten in der Universitätsklinik teilzunehmen. Hier war sie jetzt in Gesellschaft ihrer durch die Zulassung zum Medizinstudium begünstigten Freundin Marianne Rie, Tochter des Hausarztes der Familie Freud und Nichte von Wilhelm Fließ. Mehr und mehr bezog Freud Anna auch als Sekretärin in die Welt seiner Korrespondenz ein. Nicht zuletzt: von 1918 bis 1921 analysierte Freud seine Tochter (wenn er freie Zeit dazu hatte); 1924 wurde die Analyse wieder aufgenommen.[51]

Zwar wurde die Analyse damals bei weitem nicht so streng gehandhabt wie heute, in der Zeit ihrer Bürokratisierung; Kurzanalysen, Analysen ohne Honorar, freie Verabredungen waren häufiger als vermutet. Aber daß der Vater seine Tochter analysierte, war für die Gemeinde der Analytiker ein Ärgernis – was Freud nicht hinderte, nach dem Spruch quod licet jovi non licet bovi zu verfahren. Anna hielt sich betont zurück und schwieg bei Diskussionen – später hat sie sich für ihr Schweigen reichlich *entschädigt*[52]. Es läßt sich aus den Reaktionen der Analytiker vermuten, daß die Kämpfe um den Vater, die in dem geschwisterleeren Haus in der Berggasse ausbleiben konnten, jetzt auf einer anderen Ebene entbrannten.[53] Die Adoptions-Söhne Freuds, die zum Teil seit fünfzehn Jahren seine gestandenen Mitarbeiter waren – Ärzte, Wissenschaftler, Doktoren der Philosophie –, sahen keineswegs mit Begeisterung die natürliche Tochter des Meisters in ihre Reihen dringen; die seelischen Grundprobleme sind eben nicht ein für allemal zu erledigen. Das Verständnis der Psychoanalyse war auch hier für Anna ein erlittenes Verstehen.

Die Begegnung mit den «Brüdern» der alten Garde riß alte Probleme wieder auf: kann man durch die Analyse als Mann wiedergeboren werden? Oder gibt es noch eine ungeahnte andere Lösung? Und was brächte diese im Verhältnis zum Vater und den beiden Müttern mit sich? Viel-

Tante Minna Bernays und die Eltern

leicht erwuchs die Hoffnung auf eine eigene Lösung sowohl aus der Erfahrung, daß es ein guter Stand sei, die Kinder auf seiner Seite zu haben, als auch aus dem Erleben, daß die neue Lage seit Beginn des Krieges echte Wandlungen mit sich brachte.

Wie ihr Vater hatte auch Anna Freud «neurotische» Züge; sie war empfindlich, allergisch, mit einigem Zwang armiert.[54] Alle Intellektuellen sind etwas zwangsneurotisch, meinte sie; neurotische Züge sind die Kehrseite der menschlichen Kultivierung. Die Analyse bei Freud hat wahrscheinlich solche Züge zum Ansatz genommen, zentrale Motive dahinter aufzudecken. Wenn man sich die Falldarstellungen Anna Freuds ansieht oder sich an die Analyse bei ihr erinnert, muß man feststellen, daß ihre Analyse fruchtbar für ihre weitere Arbeit gewesen ist: was sie großartig aufspüren konnte, das waren die Wendungen und Drehungen des seelischen Spiels, der weite Kreis der Verwandlungsmöglichkeiten eines Grundmusters, das in der Lebensentwicklung immer wieder hervortritt.

Geärgert haben sich manche ihrer späteren Schützlinge und Verehrer, wie Peter Heller[55], allerdings darüber, daß sie ihren Vater – und damit auch ihre eigenen Glaubenssätze – ins Makellose und Übermenschliche stilisierte. Daß sie da etwas des Guten zu viel tat, kränkte manchen, dem sie etwas Ähnliches als Behandlungsproblem vor Augen führte. Andere haben sie jedoch eher als jemanden erlebt, der seine menschlich-all-zumenschlichen Seiten zwar nicht bloßlegte, aber auch nicht einfach ver-leugnete. Es ist unangemessen, zu erwarten, die Psychoanalyse wolle den «neuen ethischen Menschen» vorführen. So ist sie nicht gedacht; sie will dem Menschen vor Augen führen, welche *unbewußten Festlegungen* ihm seine Freiheit nehmen. Wie er sich dann *entscheidet*, will sie nicht bestim-men – sie zwingt ihn auch nicht zur *Gesundheit*.[56]

Die Analyse von Anna Freud, die eine der ersten Lehranalysen war, erstreckte sich aus der letzten Kriegszeit in die nicht weniger schreck-lichen Nachkriegsjahre. Sigmund Freud und seine Familie, die Partei für ihr Vaterland genommen hatten, waren nicht ausgenommen von den Ein-schränkungen, Nöten und finanziellen Lasten, die ein verlorener Krieg mit sich brachte. Dennoch fühlten die Anhänger der Psychoanalyse in den verschiedenen Ländern sich bereits so sehr als eine übernationale Einheit, daß sie den Unterlegenen halfen. Der schwerste Schlag, der da-mals die Freud-Familie traf, war der Tod von Sophie Freud-Halberstadt im Jahre 1920. Damit war ein Ende des Wendekreises markiert, in dem Anna Freud aus der alten Familiensituation herauswuchs und in eine neue Art von Familienbildung eintrat.

Anna und Sigmund Freud

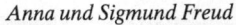

Der Aufbau einer Familie ohne Mann

Das Interesse an der Biographie bedeutender Menschen läßt sich nicht dadurch mindern, daß einige von ihnen, wie Anna Freud, sich gegen eine Darstellung ihres eigenen Lebens sträuben. Das Interesse an Biographischem besteht, weil wir in der Mitbewegung mit anderen Schicksalen etwas erfahren, das die Dramatik seelischer Formenbildung und damit auch unsere eigene Wirklichkeit betrifft. Wir sehen die Probleme und die Wendungen seelischen Lebens hier wie in einem Spiegel; mit der Hoffnung auf neue Aussichten, auf bessere Möglichkeiten oder auch auf geeignete Selbstentschuldigungen. Gerade bei dem Begründer der Psychoanalyse und seiner Erbin scheint zudem ein besonderes Interesse am Platze, wie es denn mit deren Seelenleben beschaffen gewesen sei.

Denn die Psychoanalyse gehört zu den Bewegungen, die zu einem neuen Verständnis des Menschen und der Wirklichkeit beigetragen und andere dadurch angeregt haben zu wirken – davon, meint Goethe, solle bei Biographien die Rede sein. Die Aufgabe der Biographie besteht notwendig darin, den Menschen in seinen Zeitverhältnissen darzustellen, «inwiefern ihm das Ganze widerstrebt, inwiefern es ihn begünstigt, wie er sich eine ganze Welt- und Menschenansicht daraus gebildet ...»[57].

Sigmund Freuds Biographie gliedert sich wie von selbst durch diese Beziehung auf das widerstrebende und sich ihm dann doch allmählich zuneigende Ganze. Seine Selbsteinschätzung bestand darin, er habe die Menschheit noch einmal in ihrem Stolz dadurch erschüttert, daß er zeigte, das Ich sei nicht einmal Herr in seinem eigenen Haus.[58] Doch seine Entdeckung einer seelischen Wirklichkeit jenseits der Reichweite bewußten Denkens und Wollens war auch eine ungeheure Bereicherung. Erst jetzt wurden die Macht und die eigenen Gesetze des Seelischen in ihrer ganzen Breite und Tiefe sichtbar. Die Psychologie war keine Schmalspurwissenschaft mehr, die Empfindungselemente zusammenzählte – sie konnte endlich als Wissenschaft mit den Beobachtungen der Dichter konkurrieren (McDougall).[59] Sigmund Freuds Psychologie setzte den Ablösungsprozeß der psycho-logischen Wissenschaft von Theologie, Philosophie, Ethik fort, indem er das Seelische einmal für sich gelten ließ, ohne immer höhere Zwecke für die Entwicklungsformen der seelischen Wirklichkeit anführen zu müssen.

Porträtfoto Anna Freuds von Jania Brenitzer, Berlin 1928

Dabei hatte Freud nicht nur einige tiefe «Intuitionen» von der ausgedehnten Wirklichkeit des Seelischen. Es gelang ihm vielmehr erstmals,
das Funktionieren des ganzen «Räderwerks» tatsächlich Schritt um
Schritt zu verfolgen – seine Grundgestalten, seine Regulationen, seine

Drehungen und Wendungen, und zwar sowohl im Zusammenhang kurzzeitiger Abläufe, wie bei den Träumen, als auch in den zeitlich ausgedehnten Entwicklungen von Lebensgeschichten.

Dieses genaue Analysieren des «ganzen» Funktionierens müssen wir im Blick halten, wenn wir die geschichtliche Leistung von Anna Freud verstehen wollen. Denn die Vielfalt überraschender Erklärungen verleitete – und verleitet noch – viele Analytiker dazu, besonders faszinierende Aspekte aus dem Gesamtzusammenhang herauszulösen und als die alleinige Quelle aller Probleme zu verabsolutieren. Das geschieht dann meist auch in isolierten Verfahren wie der direkten Symboldeutung oder der freien Interpretation manifester Inhalte.

Gegenüber diesem Verabsolutieren von Einzelerklärungen, das auf die *Ecksteine* der Psychoanalyse keine Rücksicht nimmt, hat Anna Freud immer das *Ganze* der seelischen Entwicklung in den Mittelpunkt gestellt. Wie kein anderer der Schüler von Freud hat sie dadurch das Denken ihres Vaters am Leben gehalten und weitergeführt. Daß sie immer auf *Wechselwirkung* im Gefüge der Gesamtstruktur geachtet habe, schreibt Anna Freud ihrer Arbeit als besonders kennzeichnend zu.[60] Die Wechselwirkung findet in der *Abwehrorganisation* des Ichs ihren *klarsten Ausdruck*; wobei sich zugleich zeigt, wieso «das» Unbewußte immer auf Vermittlung durch anderes angewiesen ist. Das Verstehen des Ganzen in Entwicklung geht jeder Analyse von Einzelheiten und Symptomen wie auch dem Einsatz spezieller Techniken voraus.

Nach den Rebellionen vor dem Ersten Weltkrieg hatte Freud das Ruder der «Psychoanalytischen Vereinigung» fest in der Hand. Aber er merkte auch früher als seine Anhänger, daß das Interesse für die «Tiefe» dem Seelischen im ganzen nicht ausreichend Genüge tat. Mit den Arbeiten über den «Narzißmus» und das «Jenseits des Lustprinzips» begann er mit einer Revision seiner Auffassungen, während die Schüler noch dabei waren, die Anfangsgründe der Psychoanalyse zu lernen; in dieser Hinsicht ist die Bemerkung richtig, nicht die Schüler seien von Freud, sondern Freud sei von seinen Schülern abgefallen.

Die neue Version der Psychoanalyse, die sich bei Freud zu Beginn der zwanziger Jahre vorbereitete, machte sein psychologisches Konzept notwendig komplizierter. Da Freud sich stets mit neuen Fällen beschäftigte, wurden ihm die Vermittlungen zwischen verschiedenartigen seelischen Wirksamkeiten, ihre notwendige Ergänzung und das sie umfassende Ganze – mit seinen eigentümlichen Wandlungsformen – immer deutlicher. Einfach und direkt geht es im Seelischen nicht zu; das forderte auch methodisch zu Umwegen und Zwischenschritten heraus. Genau diesen entscheidenden Drehpunkt verstand Anna Freud, wahrscheinlich von den selbstdurchlebten Vermittlungsproblemen ihrer Lage und Entwicklung her, besser als die anderen Anhänger Freuds. Sie trat zu einem Zeitpunkt in die Geschichte der Psychoanalyse ein, als ihr Vater dabei war, sein Konzept auf Grund bestätigender wie problemhaltiger Erfahrungen neu zu organisieren. Anna Freud machte sich von vornherein eine Psychologie zu eigen, bei der Gesichtspunkte wie *organisches Ganzes, Struktur* und *Wandlung, Hin und Her einander ergänzender Kräfte* – als Vermittlung eines Ganzen «in sich» – zentralen Stellenwert gewannen.

Zum erstenmal zu Wort kam das psychologische Geschick von Anna Freud 1922 in ihrem Vortrag über *Schlagephantasie und Tagtraum* [61], der Vorbedingung für die Aufnahme in die Wiener Psychoanalytische Vereinigung war. Sie habe die ganzen Jahre bisher geschwiegen, weil sie lernen wollte, meint sie einleitend; jetzt müsse sie sprechen, ungeachtet ihrer Scheu vor öffentlichen Reden.

Die wesentliche Einsicht bei den sogenannten Schlagephantasien besteht für Anna Freud darin, daß sich hier eine Grundstruktur – die ödipale Liebe – unter «häßlichen» Verwandlungen erhalten kann. Darüber hinaus zeigt sich, daß die Phantasien nochmals in Tagtraum-Geschichten gewandelt werden könnten, wobei wiederum die grundlegende *Struktur* in Abwandlungen am Leben bleibt. Der Blick von Anna Freud richtete sich zunächst auf die Überlebensfähigkeit «einfacher» Gestalten seelischen Zusammenhangs – hier der real kaum durchzusetzenden Liebesbeziehung zu einem Elter –; zwischen diesen *Wünschen* und anderen *Lebensnotwendigkeiten* des Seelischen bilden sich Vermittlungen aus.

In deren Sinne verfolgte sie dann mit viel Geschick die Wandlungsmöglichkeiten, die etwas erhielten und es zugleich in *Metamorphosen* zu etwas anderem werden ließen: aus Liebesgeschichten werden häßliche Geschichten vom Geschlagenwerden, die aber mit lustvoller Selbstbefriedigung verbunden werden. Und aus dieser seltsamen Kombination werden dann wieder schöne Geschichten, die in sich befriedigend sind, ohne daß die inzwischen verpönte Masturbation dazukommen muß.

Die schönen Geschichten leben von der Dramatik zwischen *Stärke und Schwäche, Aktiv und Passiv* – im letzten Augenblick wird hier ein Übergang erfahren, bei dem sich Bedrohen in Güte verwandelt; diese Versöhnung zeigt die alte Struktur deutlicher als die «häßlichen» Geschichten dazwischen. Der Höhepunkt der schönen Geschichten ist von Schuldgefühlen frei, weil in ihnen die direkten infantilen Sexualziele in zielgehemmte zärtliche Strebungen sublimiert wurden. Sobald daraus eine schriftlich fixierte Geschichte werden soll – «Literatur» –, gehen die Einzelszenen und ihre direkten Erregungszustände in der Entwicklung einer umfassenden Erzählung unter. In dieser Rücksicht auf andere, auf erhoffte Leser, bahnt sich die Verfasserin der Träumereien einen Rückweg in die Realität.

Der Vortrag zeigt Anna Freud als Psychologin, die danach forscht, auf welchen Wegen Phänomene wie Tagträumereien in ihrem Funktionieren zu verstehen sind. Eine Deutung ergibt sich nicht durch direkte Übersetzung in «tieferen» Sinn, sondern nur, indem man den *Wandlungen* nachgeht, die zwischen seelischen Notwendigkeiten vermitteln. Daher gehört zur Methode, daß Zwischenstücke, Umwendungen, Modifikationen beachtet werden, ohne dabei aus dem Auge zu verlieren, welche *Struktur* das alles zusammenhält. Hier liegt der Kern ihrer Argumente, auf die sie sich bei Auseinandersetzungen stützen wird.

Das ist Psychologie, die sich mit Wirkungszusammenhängen beschäftigt, die unverstanden bleiben, wenn man von Nervenbahnen, Muskeln oder Bazillen her an die Menschen herangeht. Anna Freud wählt sich denselben «Tyrannen» wie ihr Vater – die *Psychologie*; dafür macht ihr der Vater klar, daß ein Medizinstudium, dessen Reputation vielleicht der Lehramts-Kandidatin noch imponierte, nicht allein völlig überflüssig, sondern auch eine gefährliche Verengung für psychoanalytische Überlegungen wäre.[62] Der *geheime Plan* ihrer Ausbildung sei die «Laienanalyse» gewesen, meint sie später.[63] In der «Laienanalyse» betont Freud, daß er eine Theorie des Seelischen anstrebe – die Psychoanalyse ist eine besondere Auffassung von Psychologie. Im Hinblick auf Psychologie sind die Ärzte «Laien».

Psychologie als Wissenschaft ist immer auch eine Form von Selbstbehandlung. Das Lebensproblem, wie sich die Mächte des seelischen Haushalts miteinander vermitteln lassen, erhält eine bestimmte Lösung, indem man das Seelische zum Thema wissenschaftlicher Beobachtung macht. In dieser Art von Behandlung wird es möglich, seelische Vorgänge ganz verschiedener Art zuzulassen und zugleich in Distanz zu halten, teilzunehmen und doch nicht mitgerissen zu werden. Das ist jedenfalls möglich – allerdings nur, wenn man weiß, was man tut; daß solche Vorgänge der Täuschung, Verdeckung, dem Agieren dienen können, sollte gerade den Psychologen deutlich sein. Erkennt man jedoch das, was sich hier abspielt, dann ist auch die Psychologie eine Form, widerstreitende seelische Tendenzen anders als bisher zu organisieren. Bei Anna Freud war das eine Möglichkeit, die eigenen Kindheitsprobleme immer wieder *kommen* zu sehen und mit ihnen in einer anderen Form als in der Vergangenheit umzugehen.

Die Beziehung auf das eigene Leben tritt in der Psychologie, die Anna Freud betreibt, noch deutlicher zutage, weil sie ziemlich bald eine Psychologie vom Kind her zu betreiben beginnt. Sie bringt ihren Ehrgeiz nicht auf die Bahn einer Konkurrenz um die «bessere» Erwachsenen-Analyse. Anna Freud hat erkannt, daß die psychoanalytische Psychologie an einem *anderen Bild vom Kind* als dem der Universitäts-Psychologie ansetzt: dieses Bild im Umgang mit Kindern selbst zum Sprechen zu bringen, wird ihr zum Ziel. Entsprechend ihrer Neigung, Vermittlungen zu verfolgen, will sie die Kinder *kommen* lassen – das trägt ihr nach 1927 den Streit mit Melanie Klein ein, die sich ebenfalls mit einer Psychoanalyse des Kindes beschäftigte.

An der Wirklichkeit des infantilen Seelenlebens wird sich der Beweis für die Thesen der Psychoanalyse führen lassen – umgekehrt werden wir die Kinder ganz anders verstehen können, wenn die psychoanalytische

Theorie vom Seelischen stimmt. Davon ist Anna Freud überzeugt, und damit kann sie auch den Erwachsenen-Analytikern, die sich gegen die «Kleinen» wehren, etwas Entscheidendes entgegenstellen.

Die Kinderanalyse gibt Aufschluß über die *Wechselwirkung zwischen der Außenwelt des Kindes und der Entwicklung seiner Innenwelt*; sie eröffnet den Einblick in *unzählige Einzelheiten des Kinderlebens*; sie schafft Zugang zu *dem realen täglichen Erleben und den Phantasien der Kinder; nur in der Kinderanalyse gibt es die Umstände, unter denen Tagträume und nächtliche Ängste, Spiel und schöpferisches Handeln der Kinder in nie dagewesener Weise auftauchen und dem Verständnis des erwachsenen Beobachters zugänglich werden können.* Für den analytischen Therapeuten ist es bedeutungsvoll, daß in den Frühanalysen die infantilen Komplexe und ihre pathologischen Folgeerscheinungen dem Bewußtsein des Patienten und dem Blick des Analytikers noch zugänglich sind, das heißt, daß er mit einem Lebensalter arbeitet, in dem infantile Amnesie und Deckerinnerungen ihre volle Wirkung noch nicht entfaltet haben.[64] Das hat noch eine andere Seite, die sich im allgemeinen sogar vor das Hauptinteresse der Psychologie – festzustellen, wie das Seelische überhaupt beschaffen ist –

Anna mit ihrem Lieblingshund Wolfi, «der nur vor Gewittern Angst hatte»

Wien, Berggasse 19

drängt: welche Nutzanwendung bringt diese oder jene Psychologie mit
sich? Es ist natürlich nicht zu übersehen, daß Erfolge in der Praxis eine
gute Bestätigung für psychologische Rekonstruktionen sind – das gilt
auch für die Psychoanalyse. Aber daß Praxis nicht ohne weiteres mit

Psychologie zusammenfällt, brachte Anna Freud immer wieder in Erinnerung: in der analytischen Forschungsarbeit sind klinische Beobachtung und abstrahierende Verallgemeinerung (Theorie) untrennbar miteinander verbunden.[65]

Die Weiterführung der psychologischen Interessen ihres Vaters und die Behauptung gegenüber den älteren «Brüdern» der Analyse erklären, warum Anna Freud so viel an einer tätigen Behandlung von Kindern lag; die Erklärung, hier hätte sich ihre Lehrerausbildung ausgewirkt, reicht nicht aus. Anna Freud war nicht allein mit ihrem Interesse für Lebensformen und Behandlungsmöglichkeiten des Kindes – auch Hermine Hug-Hellmuth[66] und Melanie Klein[67] griffen das Thema auf; mit der Analyse des «Kleinen Hans»[68] war Freud selbst auch hier vorangegangen. Aber die spezifisch psychologische Fragestellung als Verbindung zwischen Erforschung des kindlichen Erlebens und der Behandlung seiner Probleme war bei Anna Freud am stärksten ausgeprägt. Es war die Frage nach den Gesetzen und Wandlungsformen seelischer Entwicklung überhaupt, im Ganzen wie in bestimmten Problemlagen, die sie zur Leitlinie ihrer Arbeit machte – so wie sie sich bereits in der Behandlung der Struktur-Wandlung bei den *Phantasien* angedeutet hatte. Verstehen, was Entwicklung ist, bedeutet Verstehen-Lernen, wie man mit den Problemen der Kinder umzugehen hat. Im Rückblick auf ihre Erfahrungen faßte Anna Freud das 1974 so zusammen:

Die Anwendung psychoanalytischen Wissens auf die Kindererziehung ist eine mehr oder weniger anerkannte Tatsache geworden und hat in vielfacher Verkleidung ihren Eingang in die Lehrpläne der Kindergärtnerinnen und Sozialarbeiter gefunden. Der kindlichen Natur sexuelle und aggressive Triebstrebungen zuzuschreiben, gilt nicht mehr als Beleidigung des einstmals hochgehaltenen Glaubens an die Unschuld der Kindheit. Im Gegenteil, die langsamen und mühevollen Entwicklungsschritte, die Kinder auf ihrem Weg zur Reife und zur Anpassung an eine zivilisierte Gemeinschaft zurückzulegen haben, werden heute allgemein gewürdigt, so daß Kinder mit Hilfe und Sympathie rechnen können, wo sie früher auf Kritik und Verurteilung stießen.[69]

Trotz mancher berechtigten Einwände gegen sie (optimistische Vereinfachungen) *hat die auf die Psychoanalyse gegründete pädagogische Umwälzung ihre großen Erfolge zu verzeichnen. Das neue Verständnis für die Bedürfnisse der oralen Phase (Stillen nach Bedarf, allmähliches Abstillen, Vermeidung von Zwang mit Bezug auf Quantität und Qualität der Nahrung) wirkt günstig auf die Herabsetzung der späteren Eßstörungen; die neue Toleranz für autoerotische Betätigungen (Lutschen, Masturbation) leistet das Gleiche für die Einschlafstörungen; Neuerungen in der Reinlichkeitserziehung (Verspätung, Verlangsamung, größere Nachsicht) beseitigen den in der Analität wurzelnden Eigensinn der Kleinkinder; Freiheit für Schau- und Zeigelust in der phallischen Phase steigern die Lernlust und Freude am Erfolg; Aggressionsfreiheit bringt ungehemmte Aktivität im*

Körperlichen und Geistigen; größere Aufrichtigkeit in sexuellen Dingen erlaubt ein bis dahin ungeahntes Vertrauensverhältnis zwischen Kindern und Eltern.

Als Kehrseite dieser Gewinne gibt es gleichzeitig auch eine Anzahl von Enttäuschungen und Mißerfolgen. Die sexuelle Aufklärung der Kinder zum Beispiel erreicht trotz aller auf sie gesetzten Hoffnungen im allgemeinen nicht das beabsichtigte Ziel. Was hier im Widerspruch miteinander steht, sind einerseits die realen Tatsachen des erwachsenen Sexuallebens, andererseits die Unreife der infantilen Sexualkonstitution. Aufgrund der letzteren fahren die Kinder fort, auch die sorgfältigsten Aufklärungen in die Sprache ihrer prägenitalen Sexualtheorien zu übersetzen (Empfängnis durch den Mund, Geburt durch den Anus, Koitus als aggressiven Angriff auf den weiblichen Partner etc.), d. h., auf Mißverständnissen zu beharren, die in der Entwicklung selbst verankert sind und erst durch spätere Reifungsvorgänge zum Verschwinden gebracht werden. Auch die Auswirkungen der Masturbationsfreiheit sind nicht nur die erwünschten. Was die neue Erlaubnis beabsichtigt hatte, war die Herabsetzung von quälenden Schuldgefühlen; was sie gleichzeitig zur Folge hat, ist ein unerwartetes Defizit auf der Seite der Moralentwicklung, wo dem Onanieabgewöhnungskampf als frühem inneren Konflikt zwischen Ich und Trieb eine entscheidende Rolle in der Charakterbildung zugefallen war. Noch aussichtsloser ist es, Kindern die beabsichtigte Angstfreiheit zu verschaffen. Wo die Angst vor der elterlichen Strenge verschwindet, steigt die Gewissensangst; wo die Strenge des Über-Ichs sich mildert, finden die Kinder sich überwältigt von der Angst vor der eigenen Triebstärke, der sie ohne den Einspruch von äußeren oder inneren Instanzen hilflos ausgesetzt bleiben.[70]

Hier tritt sehr nüchtern der Realismus von Anna Freud zutage: er beruht auf der Einsicht, daß das Seelische immer ein widersprüchliches und mehrdimensionales Ganzes ist.

Das Jahr 1923 war ein Schicksalsjahr für Anna Freud. Sie eröffnet eine eigene Praxis[71] neben der des Vaters, und sie muß erfahren, daß ihr Vater an Krebs leidet – das ist ein furchtbarer Schock.[72]

Mit den Fällen für die Praxis hatte sie es nicht leicht, weil sie ja «nur» Psychologin war. Hitschmann, einer aus der alten Brüderhorde um Freud, überwies ihr keine Fälle. Daher verhalf ihr eine Holländerin, die zu Sigmund Freud in Analyse gekommen war, zum ersten Erwachsenenfall; es war eine Cellistin.[73] Die Freundschaft zwischen dieser Dr. med. Jeanne de Groot und Anna Freud hat ein Leben lang gehalten.

Die Probleme mit den «Brüdern» waren jedoch nur geringfügig gegenüber einer wirklich schockierenden Mitteilung: eines Tages erhielt die Familie Freud die Nachricht, sie solle doch den «Professor» in der Praxis eines Arztes abholen; zu ihm war Freud gegangen, ohne seiner Familie etwas zu sagen. Er hatte sich einer Kieferkrebsoperation unterzogen. Sie fanden ihn blutüberströmt auf einem Stuhl in der Ambulanz.[74] Anna ahnte, was es bedeuten würde, wenn der Vater sie «verlassen» müßte. Sie bat die holländische Freundin, sie zu begleiten, als Freud sich mit Tante Minna an einen Erholungsort begab. Was sonst in ihrem Leben kaum vorgekommen ist, brach hier auf: sie brauchte Trost, ein anderer konnte sehen, daß sie fassungslos war.[75]

Nach dem Schock, der allenfalls dem Gestapo-Schock 1938 vergleichbar ist, hatte sich Anna wieder in der Gewalt: sie wurde die Pflegerin des Vaters – ihr hatte er zu danken, daß er noch sechzehn Jahre, trotz 31 Operationen, am Leben blieb. Sich-in-Gewalt-Haben bedeutete, daß die Formen, in denen Anna Freud ihren *Teufel* umgestaltet hatte, wieder funktionierten und sich bewährten: Aktivität, Einsatz, Leistung, Planung und Organisation, Opfer-Bringen und Sich-Zwingen. Dann wird das andere nicht fehlen: Anerkennung und Liebe, auch etwas Freiraum für kindliche Ansprüche und ein Gefühl von Freiheit.

Auf die Menschen, die mit ihr zu tun hatten, wirkte sich das so aus, daß sie sich von Anna gefordert fühlten, sie als ernst, einverleibend, zwingend erlebten.[76] Ihre Mutter meinte, jetzt sei in dem einst lieben Kind die Härte zum Vorschein gekommen[77]; ihr Vater machte sich bei aller Anerkennung und Bewunderung immer wieder Gedanken über ihre «asketische Strenge»[78]; für ihre Freundin Jeanne de Groot wird sie aus einem scheuen, gehemmten Mädchen zu einem ernsten Menschen.[79] Aber immer wieder ändert sich auch für die anderen dieser Eindruck, wenn die Freiheit, die sich Anna Freud erhält, sie als charmanten, großzügigen, kindlich-freundlichen Menschen zeigt.[80] Anna Freud hat eine Verfassung gefunden, die die einander widerstrebenden Mächte ihrer Kindheit in einer tätigen Organisation – mit einigen Reservaten – neu vermitteln. Das läßt sich jedoch noch genauer charakterisieren.

Wenn wir beschreiben, wie Anna Freud in den zwanziger Jahren ihr Leben gestaltet, machen wir eine überraschende und unerwartete Entdeckung. Ihre Entwicklung hatte sich bisher in einem Kreis gewendet, der zunächst den «kleinen Moritz» zu einem *braven* Familienmitglied machte; dann aber drehte sie einem offenen Ende zu, indem die Veränderung der familiären und sozialen Lage durch den Weltkrieg dem Individualismus Annas eine Chance bot. Jetzt hätte man erwarten können, daß eine neue Wendung ihrem Leben einen ganz anderen Charakter gab: vielleicht würde sie ein eigenwilliger Einzelgänger, eine kettenrauchende Psychologin, der weibliche Kumpan des Vaters werden oder die exzentrische Tochter eines Genies. Jedenfalls irgend etwas, das nicht gerade die ganze Familie wieder auferstehen läßt.

Daher überrascht es, daß Anna Freud ihren zweiten Lebenskreis organisiert, indem sie kunstvoll die Bildung einer neuen und eigentümlichen «großen Familie» ins Werk setzt. Sie sucht mit ihrem Seelenleben zurechtzukommen, indem sie es nach dem Bild einer von ihr organisierten besseren Familie ausrichtet, gestaltet und in sich vermittelt; sie führt ihre seelische Entwicklung in einer Verteilung weiter, die sich an das System einer von ihr ins Leben gerufenen Familie hält.

Mit dem Vater

Zentrum der Familie ist der durch eine tödliche Krankheit bedrohte Vater; ihn gilt es zu umsorgen, ohne ihn dadurch für seine Unabhängigkeit fürchten zu lassen. Dazu vermittelt Anna ihm das Gefühl eines kompletten Familienlebens um ihn herum – ohne dessen auf ihn zurückwirkende Ansprüche. Anna sorgt für Kinder – und ist mit ihnen Kind –, für hilfreiche und opferbereite Familienmitglieder – und ist mit ihnen Helferin, Freundin. Sie vertritt den Vater wie ein Sohn – übernimmt Pflichten, organisiert[81]; sie sorgt für Ausgleich in der psychoanalytischen Großfamilie; sie kümmert sich um Erholung, ärztliche Betreuung genauso wie um die Finanzen und um ein Bauern-Häuschen auf dem Lande.[82] Solch ein Umgewichten und Neuverteilen ist nicht ungewöhnlich im seelischen Leben; es kann sich andere Menschen einverleiben, es kann in anderen Menschen seinen Ausdruck finden, und es kann sich doch in so vielem auf ein Ziel richten.

Anna Freud ist Teil des Vaters und Tochter, sie ist Mutter und Pflegerin, sie ist Mitarbeiter und Stellvertreter, sie beschafft neue Geschwister – und sie macht diese Anverwandlungen leibhaft sichtbar in den Kindern und Menschen, die sie in «ihre» Familie zieht, die ihre Rollen spiegeln und die dabei ein «großes Ganzes» darstellen. Sie ist und hat eine Ordnung, sie bestimmt und folgt zugleich einer Ordnung, sie muß und darf, sie breitet sich aus, und sie zwingt sich zu Notwendigem. Anna Freud wird eine ganze Familie.

Was hier wieder ins Bild gesetzt wird ist eine lebendige Groß-Familie – wie die, in der sich die kleine Anna einrichten mußte und die sie gerne etwas anders gewünscht hätte. Es ist eine kunstvolle Familie – hergestellt als Familie «ohne Mann»; hergestellt auch von jemandem, der über die Psychologie der Familie so gut wie nur wenige Bescheid weiß. Das wirkt wie ein erster Modellversuch, eine künstliche Großfamilie als Ersatz für die «natürliche» Familie herzustellen – die Hampstead-Klinik ist der zweite Versuch –; auch darin kann die besondere Bedeutung des Lebens von Anna Freud für die Geschichte unserer Zeit gesehen werden. Das ergänzt sich mit der Bedeutung, die sie als Vermittler einer neuen Psychologie für das Verstehen und die Behandlung unserer Lebenswirklichkeit hat. Beides läßt sich in dem Wort «Emanzipation» zusammenbringen – und auch diesem Wort gab die Tochter Sigmund Freuds ihren eigenen Sinn.

Am Beispiel der Geschichte, die die Realisierung des Bildes einer neuen Familie (ohne Mann) in Gang setzte, werden aber auch die Probleme sichtbar, die jede seelische Konstruktion mit sich bringt. Denn solche Konstruktionen folgen ihrem Gesetz und nehmen auch den in ihren Zwang, der sie vorantreibt. Das zeigt sich sowohl an den Problemen der neuen Familie in Wien wie an den Problemen der in London nochmals neugegründeten Familie.

Die Kinder der sich aufbauenden Neu-Familie Anna Freuds kamen aus verschiedenen Quellen; sie sah manche nur aus der Ferne und rechnete sie doch ihrem Wirkungskreis zu; andere waren Kinder ihrer Freunde und meist auch bei ihr in Behandlung. Mit den Kindern zog sie deren Erzieher und Lehrer an sich heran, vor allem zwei «Väter» vieler elternloser Kinder: August Aichhorn und Siegfried Bernfeld. Die beiden verehrte Anna Freud als Inspiratoren der psychoanalytischen Arbeit mit Kindern[83]; ihrerseits wirkte sie durch Vorträge und Seminare auf die Institutionen ein, die sich mit den Kindern beschäftigten.

Von 1927 an traf sich in Wien eine Gruppe von Analytikern, später erweitert durch Kollegen aus Budapest und Prag, zu regelmäßigen Zusammenkünften mit mir, um die von mir vorgeschlagene Technik der Kinderanalyse zu diskutieren, über mit dieser Methode behandelte Fälle zu berichten, Resultate zu vergleichen und den theoretischen Hintergrund der klinischen Befunde zu klären. Während der Altersbereich der behandelten Kinder anfangs auf die Latenzphase beschränkt blieb, wurde er bald nach unten bis zu zwei Jahren und nach oben bis zur Früh- und Hochpubertät ausgedehnt. Zur Behandlung kamen Kinder mit nichtorganischen Entwicklungsstörungen aller Art, von den gewöhnlichen Phobien, hysterischen Erkrankungen, Zwangssymptomen, Erscheinungen von Bettnässen, Stottern, Zwangsonanie, Exhibitionismus und neurotischer Obstipation bis zu den schweren Abnormalitäten des Grenzfall- oder schizophrenen Typs. Auch Analysen delinquenter Kinder wurden versucht und durchgeführt, hier in enger Zusammenarbeit mit August Aichhorn, der zur selben Zeit in Wien seine Ansichten über «Verwahrloste Jugend» entwickelte und lehrte.

Abgesehen von diesen therapeutischen Entwicklungen war Wien damals auch ein fruchtbarer Boden für die analytische Erforschung der normalen Kinderentwicklung und für die Anwendung der hier gewonnenen Einsichten auf die Erziehung. Viele von uns hatten sich seit Jahren durch die Vorträge Siegfried Bernfelds für Lehrer und Jugendführer inspirieren lassen, und viele junge, begeisterte Pädagogen hatten an seinem «Versuch mit neuer Erziehung» im «Kinderheim Baumgarten», einer Schulsiedlung für Kriegswaisen des Ersten Weltkriegs, teilgenommen. So waren die ... vier Vorträge zur «Einführung in die Psychoanalyse für Pädagogen» keine isolierten Veranstaltungen meinerseits, sondern entstanden im Auftrag des Jugendamts der Stadt Wien und bildeten den Auftakt für ein von Dorothy Burlingham und mir durchgeführtes regelmäßiges Seminar für Kindergärtnerinnen. Es gab mittlerweile eine Reihe von Mitgliedern der Wiener Psychoanalytischen Vereinigung, die ein Gutteil ihrer Lehr- und Vortragstätigkeit der Konsolidierung des neuerschlossenen Gebietes widmeten. Edith Sterba leitete eine Erziehungsberatungsstelle für junge Kinder, August Aichhorn eine solche für Jugendliche. Dr. Willie Hoffer richtete einen dreijährigen Fortbildungslehrgang für Erzieher ein und gab die erste Zeitschrift für psychoanalytische Pädagogik heraus. Zu diesen Initiativen kam 1937 noch eine Kinderkrippe hinzu, die von Dr. Edith Jackson gegründet und erhalten und von mir in Verbindung mit Dorothy Burlingham und der Kinderärztin Dr. Josephine Stross geleitet wurde.[84]

Neben den gleichsam in Distanz beteiligten Kindern gab es eine andere Gruppe, deren Mütter Anna Freud nahestanden und für die sie nun eine zweite Mutter wurde, vor allem die vier Kinder von Dorothy Tiffany-Burlingham und der Sohn ihrer verstorbenen Schwester Sophie. Für diese Kinder war sie «die Größte» und zugleich ein Kind wie die anderen. Sie wanderte und schwamm mit ihnen, sie spielte mit ihnen – und brachte es doch nicht über sich, die Kinder gewinnen zu lassen.[85] Sie erzählte ihnen

Mit August Aichhorn

Geschichten, ging mit ihnen ins Theater; sie erzog sie und sie nahm sie auch in Behandlung. Sie besorgte ihnen Privatlehrer – Peter Blos und Erik Erikson – und nahm diese dann auch für die Analyse in Beschlag; Erikson wurde von ihr selbst analysiert.

Dazu kamen ihre Kinderfälle; wobei sich als Konflikt herausstellte, daß die Eltern Anna Freud bezahlten, während sie für «ihr» Kind und gegen die Eltern Partei nahm.[86] Schließlich drängte Anna Freud darauf, auch das Ambulatorium in Richtung Kinderanalyse auszubauen. Daß sie dabei mit ihren Nährtendenzen über Beratung hinausging, merkte ihr Vater bald: die Kinderanalyse hier ist eine Behandlung mit Halbpension.[87] Das Umsorgen und Erziehen machte auf die Kinder aber nicht nur einen günstigen Eindruck; sie fürchteten, mit ihrer Großzügigkeit verschlinge Anna Freud sie.[88]

Mit der ersten Generation der Freud-Anhänger, den «Apostel-Brüdern», bahnte sich für Anna Freud kein inniges Verhältnis an. Der Kinderkram diente für beide Seiten einer Abgrenzung; vielleicht spürten die Älteren auch, daß sich da eine Familie entwickelte, die Jugend und Zukunft für sich beanspruchte. Zu den Analytikern der zweiten Generation, wie Abram Kardiner, Wilhelm Reich, Franz Alexander, Heinz Hartmann, waren die Beziehungen besser, aber auch hier ergaben sich keine Herzensbindungen. Selbst wenn das Gerücht die Freud-Tochter abwechselnd mit dem oder jenem Junggesellen liierte – nichts deutet auf ein intimes Verhältnis zu einem Kollegen oder zu einem anderen Mann hin. Freundlichere Beziehungen ergaben sich ganz konsequent zu den Analytikern, die sich auch für Kinder und ihre Probleme interessierten; dazu zählten Ernst Kris, der Annas Freundin Marianne Rie heiratete, und Willie Hoffer.

Neben Kindern, ihren Lehrern und Analytikern wurden auch Tanten und Geschwister in die neue Familie, die Anna Freud jetzt tätig um ihren Vater aufbaute, einbezogen. Als Prinzip dieser «Wahlverwandtschaften» stellte sich heraus, daß Anna bestimmte Funktionen verteilte und zugleich selbst die Möglichkeit behielt, mal in der einen, mal in der anderen Gestalt wirken zu können: als Mutter, als Freundin, als Tochter, als Sohn und Mann. Das ging so, weil die Wahlverwandtschaft, die die Großfamilie zusammenhielt, eine Gemeinschaft von Frauen ohne Mann war; entweder hatten sie ihre Zeit mit Männern hinter sich oder sie lebten getrennt oder der Mann hatte keine besondere Bedeutung neben der Psychoanalyse. Schon mit zehn hatte die kleine Anna einmal eine neue Großmutter

Anna Freud und Dorothy Burlingham (2. und 3. von links) mit «ihren» Kindern; dabei W. Ernest Freud, der erste Sohn von Sophie Freud-Halberstadt (3. von rechts)

adoptiert[89]. Offensichtlich begünstigte ihr Vater in den zwanziger Jahren die Entwicklung der neuen Wahlfamilie; zugleich beschäftigte ihn aber auch der Gedanke, daß Anna unverheiratet blieb.

Eine Art Großtante, die Anna Freud wie ein Vorbild für sich einnahm, war Lou Andreas-Salomé, die Freundin Nietzsches und Rilkes, für dessen frühe Gedichte Anna auch im Alter noch schwärmte. Lou kam zu Beginn der zwanziger Jahre wieder nach Wien und wurde von Vater und Tochter als Freundin der Familie betrachtet. Sigmund Freud unterstützte sie auch mit Geld; Anna Freud machte mehrmals Gegenbesuche in Göttingen.[90] 1925 kam eine zweite Frau aus der großen Welt zur Freud-Familie, die Prinzessin Marie Bonaparte, Enkelin des Spielbank-Begründers von Monaco, der Linie der Napoleons, den Königshäusern von Griechenland und Dänemark verwandt; auch sie hatte ihre Vergangenheit mit berühmten Männern. In Freuds Arbeitszimmer kam ihr Bild neben das Bild von Lou und das Bild von Yvette Guilbert. Für Anna Freud wurde sie eine «Verwandte», wie man sie sich bei den Phantasien des alles verbessernden Familienromans nicht schöner hätte ausmalen können.

Die Wahlverwandte jedoch, zu der Anna Freud ein intimes Verhältnis für ihr ganzes Leben entwickeln konnte, war die Amerikanerin Dorothy Tiffany-Burlingham. Sie kam mit vier Kindern 1925 nach Wien, «ohne Mann», bemerkte Sigmund Freud; ihr Mann lebte getrennt von ihr und stürzte sich später aus dem Fenster.[91] Dorothy war die Tochter des ideenreichen Entwerfers und Fabrikanten Tiffany. Noch beim Begräbnis ihrer Freundin vergaß Anna nicht zu erwähnen, daß die Tiffanys allein 23 Gärtner hatten.[92] Annas neue Bekannte gehörte zu den amerikanischen Bewunderern Freuds, deren Analyse ihm nach dem Ersten Weltkrieg den größten Teil seines Lebensunterhalts einbrachte.

Sigmund Freud war davon angetan, daß seine Tochter jetzt eine richtige Freundin hatte.[93] Dorothy Burlingham zog 1928 in die Berggasse 19, eine Etage über Freuds, und sie lebte von da an bis zu ihrem Tode 1979 mit Anna Freud unter einem Dach.

Das Verhältnis zu Dorothy war für Anna offenbar die rechte Mischung; sie war nun auch so etwas wie eine Mutter für vier Kinder; sie kümmerte sich wie ein Mann um die ganze Familie; sie hatte in Dorothy eine Freundin, mit der sie über alles reden konnte, und eine geschwisterliche Helferin bei der Sorge im Lebensalltag und bei der Sorge um den (gemeinsamen) Vater. Die beiden hielten so zueinander, daß die eine in jeder Hinsicht darauf rechnen konnte, die andere werde für sie einstehen – ohne je Verrat befürchten zu müssen. Beiden machte das Reisen Spaß, und dadurch konnte sich diese Gewohnheit der Freud-Familie auch in der neuen Familie – bis zum Ende der siebziger Jahre – am Leben halten. Reisen aus Pflicht und Ferienreisen wechselten sich ab, gingen aber auch bisweilen ineinander über. Auf diese Weise lernte Anna Freud viele Städte Westeuropas kennen.

Gemeinsam mit Dorothy Burlingham und Eva Rosenfeld, einer Nichte von Yvette Guilbert, betrieb Anna Freud den Aufbau einer auf die Großfamilie zugeschnittenen Privatschule, die Peter Blos leitete[94]; auch Eva Rosenfeld wurde für die Analyse geworben – Familienausbau und Stärkung der Psychoanalyse im Sinne von Sigmund Freud verquickten sich untrennbar miteinander. Ebenfalls gemeinsam mit Dorothy Burlingham kaufte Anna Freud 1930 ein eigenes Haus – Hochrotherd –, als dürfe der eigene Grund für die Familie nicht fehlen. Es war ein Bauernhof, der restauriert und ausgebaut werden mußte. Anna Freud konnte hier ihre Tatkraft in den Ausbau einer ganzen Landwirtschaft setzen – man traute ihr auch noch einen «Marmorstall für die Kühe» zu.[95] Wie sich Anna Freud an solchen «Oasen» begeistern konnte, zeigt ein Buch, das sie ihrem Vater schenkte: es war mit Bildern *unseres Hauses* und mit lyrisch-schwärmerischen Kommentaren angefüllt.[96]

Die Mitwelt, die Anna Freud sich auf diese Weise als eine neue und umgebildete Familie schuf, wurde schließlich vervollständigt durch eine Reihe weiblicher «Halb-Geschwister» aus der Generation der jüngeren Analytiker. Anna Freud, Dorothy Burlingham, Jeanne Lampl-de Groot, Marianne Rie-Kris waren ein «Vier-Damen-Kreis», der bis zuletzt zusammenhielt.[97] Sie bildeten einen schützenden, aber auch abschließenden Kreis um Sigmund Freud. Mit ihrer Hilfe schuf sich Anna Freud eine Hausmacht, die sich noch in den siebziger Jahren wie eine Phalanx hinter sie stellen konnte. Zugang zum Vater gewann allmählich nur noch derjenige, gegen den Anna nichts einzuwenden hatte[98]; und der Kranke vertraute seiner Tochter, weil er wußte, wie sehr sie sich um ihn sorgte.

Allerdings hatten da noch einige Frauen Zugang zur Psychoanalyse gefunden, ehe Anna Freud nach dem Schreckensjahr 1923 in die Rolle des Hüters und Familien-Erneuerers hineinwuchs. Ihre Eifersucht galt besonders Ruth Mack Brunswick, einer eleganten und exzentrischen Amerikanerin. Sigmund Freud schätzte sie; sie kümmerte sich um ihn, machte ihm aber auch Szenen.[99] Als Jones an der Freud-Biographie arbeitete, schrieb ihm Anna, sie habe an ihrer Eifersucht immer die Bedeutung ablesen können, die eine Frau für den Vater hatte[100]; als weitere Rivalinnen erwähnt sie Joan Riviere und Jeanne Lampl-de Groot. Eine andere Frau, die Anna Freud gleichsam zuvorgekommen war, war die «schöne Helene»: Helene Deutsch war elf Jahre älter als Anna, sie hatte Medizin studiert und war bei Sigmund Freud in Analyse. Ende 1924 wurde sie Leiterin des neu gegründeten Ausbildungsinstituts in Wien. Helene Deutsch hatte einen eigenen Kreis, den Kartenclub «Schwarze Katze»[101]; sie paßte nicht in Annas Familienunternehmen. Daß es auch Probleme mit Martha Freud gab, zeigt deren Kritik an der Tochter Anna, selbst noch in London. Sie setzte an der «unordentlichen» Reformkleidung an, die Anna und ihre Freundinnen trugen: wie schaut die Anna aus; schlimm, die Strümpfe sitzen nicht, die Haare sind nicht in Ordnung. Demgegenüber hielt die Mutter auf korrekte Kleidung und Make-up.[102]

*Dorothy Burlingham und Anna Freud (in der
Mitte wohl ein Verwandter Dorothy Burlinghams)*

Anna Freuds Neu-Familie zeigte alle Merkmale, die Sigmund Freud
einem «Organismus» zuschrieb, der sich von den alles gleichmachenden
Kräften des Universums als etwas «Eigenes» abhebt: er schafft sich einen
Reizschutz, wehrt Fremdes ab, strukturiert sich wie ein autarkes Gebilde.
Ein solches vielgliedriges Lebewesen wird für Anna Freud zur Basis, die
«klassische» Psychoanalyse auszubreiten, den genialen Schöpfer dieser
Psychologie als «Vater» der Familie vor allen Widrigkeiten zu schüt-
zen[103], und nicht zuletzt, einen Wirkungskreis zu bilden, in dem sie ihr
Lebenswerk ausgestalten kann.

Die Kehrseite eines so geschlossenen Systems wird sichtbar, wenn man
spürt, wie Fremdes oder sich selbständig Entwickelndes eingeschränkt
werden, wie überall Treue und Verantwortung verlangt werden, wie sich –
trotz guter Absichten – das Betreiben von Psychologie und Familienleben
miteinander verquicken.

Daraus resultiert die Legende von den «Abtrünnigen» – obwohl Freud
realistisch sah: «... die Braven sind nichts wert und die Unartigen gehen
fort.»[104] Wahrscheinlich war «Rebellion» besonders schlimm, weil auch
Anna Freud rebellische Neigungen bekämpfen mußte. Daraus folgt auch
der Eindruck bei Außenstehenden, diese Familienbildung sei einer Gemeinschaft von Gläubigen nicht fern.[105] Historisch ist schon verständlich,

daß die Analytiker, indem sie die Fahne der «seriösen» Wissenschaft verließen oder die Gesinnung und den Lebenskreis ihrer alten Familien aufgaben, sich zu einer neuen schützenden Gemeinschaft drängten. Das Problem ist nur, daß das Festhalten an einer familienähnlichen Form für die Weiterentwicklung einer Wissenschaft oder Weltanschauung auf die Dauer den Neubeginn in eine starre Tradition verkehren kann.

Aber das ist in den zwanziger Jahren ein Problem der Zukunft. Für den Schöpfer der Psychoanalyse ist Anna Freuds Entwurf einer Familie nach ihrer Façon lebenserhaltend. Sie wird gemerkt haben, was auf sie zukam, als ihr Vater auf der gemeinsamen Rom-Reise – nach seiner Operation 1923 – einen Blutsturz hatte.[106] Sie wurde seine Pflegerin bei den vielen Operationen und den damit ständig neu aufkommenden Problemen mit Kieferprothesen; sie und ihr Vater machten einen Pakt, die Sache ohne Sentimentalität durchzumachen und auch vor einer Entscheidung zum Freitod am Schluß nicht zu zögern.[107] Man muß sich vor Augen halten, was diese tragische Lage für Anna Freud an Aufgaben mit sich brachte und welche Zukunftsperspektive sich für sie ergab, wenn sie jetzt alles für den Vater tat. Da war die Art der Familienbildung, wie sie Anna betrieb, eine gute Lösung.

Denn durch die Familie Annas wurde der Vater aus der Situation einer «Pflegeperson mit Krankenschwester» befreit. Es war so, als lebe die alte Familie um den Vater weiter, ohne ihm selbst viel abzuverlangen. Dennoch wurde alles, was er sagte, anerkannt – *in großen Entscheidungen ist er groß*, gab Anna Freud an die Kinder weiter.[108] Andererseits gab das Familienleben im ganzen Anna auch Rückhalt und Möglichkeit, sich im Kreis anderer Tätigkeiten von ihren Pflichten auszuspannen. Denn sie übernahm mehr und mehr die Aufgabe, ihren Vater zu vertreten: sie sprach seine Vorträge für ihn – dazu übte sie, mit ihrer Befangenheit fertig zu werden[109]; sie reiste für ihn zu Kongressen; sie führte Verhandlungen für ihn; sie wurde 1927 Generalsekretärin der Internationalen Psychoanalytischen Vereinigung.[110] Sie nahm Ehrungen – wie den Goethepreis 1930 – für ihn in Empfang; sie ging für ihn zum Begräbnis seiner Mutter.[111] Nicht zuletzt: sie griff die wissenschaftliche Arbeit des Vaters auf und führte sie «forschend und lehrend» in der neuen Richtung weiter, die sich in der vierten Phase der Entwicklung seiner Psychologie anbahnte. Anna Freuds Schriften sind das eine eigene Kind der neuen Familie; die eigene Ausbildungsstätte für Psychoanalyse in London ist ihr anderes Kind.

Die Kinder der Analyse
und ihre Feinde

Die Organisation einer «seelischen» Familie, in die Anna Freud ihren Vater einbettete, erwies sich wirksam auch in der Weiterentwicklung seiner Gedankenwelt. Trotz seiner schweren Krankheit bildete Sigmund Freud in einer Reihe von Veröffentlichungen eine neue Fassung der Psychoanalyse aus. Besonders wichtig ist ihm in seiner letzten Lebensphase, daß er auf «Psychologie» hinaus will: es geht ihm um das bisher übersehene «gemeinsame Fundament» des Seelenlebens – eine eigene Realität mit einer eigenen Organisation, einem Raum «zwischen» Sinnenreizen und Motorik.[112] Daraus folgt für ihn, daß etwas anderes gelernt werden müsse, als bei einer medizinischen Ausbildung angeboten wird. Das sei ungefähr das Gegenteil von dem, was die Vorbereitung zur Psychoanalyse erfordere. Sigmund Freud hält es «nicht für wünschenswert, daß die Psychoanalyse von der Medizin verschluckt werde und dann ihre endgültige Ablagerung im Lehrbuch der Psychiatrie finde»[113]. Als «Tiefenpsychologie» hat sie mit der Entstehungsgeschichte der menschlichen Kultur zu tun – und nicht mit Fußwurzelknochen, bazillären Krankheitserregern, Serumreaktionen.

Das Stichwort für diese Überlegungen war die «Laienanalyse». Die Ärzte, die sich bisher der Psychoanalyse gegenüber feindlich erwiesen hatten, wollten – angesichts der Erfolge einer «Behandlung von der Seele her» – jede Art von Behandlung, auch die Psycho-Therapie, zu ihrer Domäne machen. Daher wandten sie sich gegen die Praxis von «Laien» wie Anna Freud, Otto Rank, Theodor Reik, die keine medizinische Ausbildung hatten. Von seinem Konzept einer eigenen seelischen Realität her konnte der Begründer der neuen Psychologie nun zeigen, daß der Vorwurf des Laienhaften in Wirklichkeit die Laien auf psychologischem Gebiet trifft, nämlich die Ärzte.[114] Damit waren nicht alle Ärzte unter seinen Anhängern einverstanden, und es kam zu einem Streit, der sich über lange Jahre erstreckte.

Anna Freud war natürlich selbst betroffen. Sie erkannte aber auch, daß hier der entscheidende Ansatzpunkt der Psychoanalyse zu verteidigen war: eine psychologische Theorie, die das ganze Seelische – nicht nur seelische Störungen – zu erfassen suchte. Sie meinte, selbst ihr geliebter Schäferhund Wolfi, der sie seit 1925 auf Schritt und Tritt begleitete, habe das verstanden: er habe sofort gerochen, wer für oder gegen die

Laienanalyse war.[115] Das ganze Werk von Anna Freud durchzieht der Gedanke, es gehe der Psychoanalyse um eine Psychologie der *Entwicklungs- und Kultivierungsprozesse*; sie hat «Die Frage der Laienanalyse» stets als die beste Einführung in die Psychoanalyse geschätzt.[116]

Die Art und Weise, in der sie das Psychologische der Psychoanalyse versteht, zeigt, daß bei ihr Leben und Werk eng miteinander verbunden sind. Anna Freud hat sich selbst in verschiedenen seelischen Lagen erlebt und dabei erfahren, was alles aufkommen und auch wieder gewandelt werden kann. Daher wendet sie sich immer wieder gegen Versuche, alles aus einer Quelle abzuleiten – die seelische Entwicklung ist vielgestaltig und durch Verwandlungen gekennzeichnet. Das einzige, was wir als *lebenswichtig* ansehen müssen, ist diese ganze *Entwicklung selbst* – die zugleich Kultivierung ist.[117] In ihrem Leben hatte Anna Freud aber auch bemerkt, welche Rolle Vermittlungen zukommt: Neustrukturierung, Zergliederung, Umgruppierung sind eigentümliche Lebensformen des Seelischen. Daher ist sie für Kommen-Lassen, Sehen-Lernen, Einübung beim Umgang mit dem Seelischen und gegen Direkt-Deutungen, gegen Symptomatologie, gegen Arbeit mit dem Hacke-Beil, gegen ungeduldiges Überrennen und gegen konzeptloses Herumstreifen. Sie machte mit der ihr eigenen Konsequenz die Entwicklung von Sigmund Freud mit, der seinen Blick von «dem» Unbewußten, das ihn zunächst faszinierte, wieder auf das *Ganze* des seelischen Systems gerichtet hatte[118] – was man etwas schief als Wendung zur «Ich-Psychologie» zu bezeichnen pflegt, weil dabei die Abwehrorganisation des Ichs zum Dreh- und Anhaltspunkt wird.

Aus diesem Verständnis für Seelisches als Entwicklung und als spannungsvollem Ganzen sind die Arbeiten Anna Freuds hervorgegangen. Sie öffnet in ihrer Kinderanalyse der Psychoanalyse das Untersuchungsfeld seelischer Bildung und Umbildung von seinen Anfängen an; und sie beginnt die Suche nach Notwendigkeiten der Vermittlung mit der Frage nach der Methode: ihr erstes Buch trägt den Titel *Einführung in die Technik der Kinderanalyse* (1927).[119]

Wer sich mit Kindern beschäftigt, muß sich Gedanken über die Methode der Psychoanalyse und ihre Spielbreite machen; denn die Verfassung der Kinder ist anders als die der Erwachsenen, wenn sie zur Analyse kommen. Diesen Gedanken behält Anna Freud in allen Arbeiten zu diesem Thema bei: sie führt ihn 1965 in acht Leitsätzen aus:

1. Kinder *sind in vielen Fällen widerwillige Patienten, nicht aus eigenem Antrieb in der Analyse. Wo sie kein freiwilliges Bündnis mit dem Therapeuten eingehen, fühlen sie sich auch an keine technischen Regeln gebunden.*
2. *Sie leben, als Kinder, für den Augenblick. Die in der Analyse unvermeidlichen Unlust- oder Angstgefühle wiegen also schwerer für sie als die Aussicht auf eine Heilung in der Zukunft.*

3. *Wie es ihrem Entwicklungsstand entspricht, bringen sie ihr Material nicht in Worten, sondern in der Form von Handlungen. Kinder, mit Ausnahme der Zwangsneurotiker, agieren in der Analyse.*

4. *Das unreife Ich, das dem Druck von Trieb und Außenwelt weniger gewachsen ist als später, empfindet die Analyse als Gefahr, gegen die es seine Abwehr verstärkt. Besonders fühlbar wird diese in der Kindheit regelmäßige Einstellung am Beginn der Pubertät, d. h. in einer Periode von ansteigender Triebgefahr, in der die Triebabwehr normalerweise einen Höhepunkt erreicht. Kinder in der Vorpubertät wehren sich oft gegen die Analyse, als wäre sie eine Aufforderung zum Ausleben oder zur Regression* (Rückzug) *auf infantile Wunschbefriedigungen.*

5. *Kinder haben mehr Ichwiderstände zur Verfügung als Erwachsene, entsprechend ihrer Abwehrorganisation, in der die primitivsten Abwehrformen noch erhalten und neben den höher organisierten Ichmechanismen in Kraft sind.*

6. *Das kindliche Ich nimmt Partei für seine Widerstände, anstatt ihnen entgegenzuarbeiten. Unter dem Druck von angsterregendem Material oder in Zeiten negativer Übertragung* (Nachwirkung feindseliger Bilder der

EINFÜHRUNG
IN DIE TECHNIK DER
KINDERANALYSE

VIER VORTRÄGE
AM LEHRINSTITUT DER WIENER
PSYCHOANALYTISCHEN VEREINIGUNG

VON

ANNA FREUD

1927
INTERNATIONALER
PSYCHOANALYTISCHER VERLAG
LEIPZIG / WIEN / ZÜRICH

Vergangenheit in der Analyse) *wollen die meisten Kinder sich der Analyse entziehen und können nur durch den elterlichen Einfluß in der Behandlung gehalten werden.*

7. *Die Wiederbelebung von archaischem Material in der Analyse widerspricht dem altersgemäßen Wunsch, die Vergangenheit hinter sich zu lassen. Die daraus entstehenden Probleme sind zu verschiedenen Lebenszeiten verschieden groß. Eine besonders kritische Periode für die Kinderanalyse ist der Übergang von der ödipalen Phase zur Latenzperiode, wenn das Kind, den Entwicklungsbedingungen folgend, sich von den infantilen Erlebnissen abwenden und sie vergessen will, während der Analytiker genötigt ist, der beginnenden Amnesie* (Verdrängung) *entgegenzuarbeiten und die Kommunikation mit den infantilen Komplexen aufrechtzuerhalten. Neurotische Kinder sind zu dieser Lebenszeit nicht weniger behandlungsbedürftig als vorher oder nachher, sind aber weniger analysebereit und verstärken ihren Widerstand.*
Das gleiche wiederholt sich in der Pubertät. Der Pubertierende, der sich normalerweise von seinen infantilen Liebesobjekten abwendet, empfindet es als eine besondere Schwierigkeit, daß die analytische Übertragung ihn nötigt, gerade diese Beziehungen wieder zu beleben. Viele Pubertätsanalysen scheitern an dem daraus entstehenden Konflikt.

8. *Es ist für die Kindheit charakteristisch, daß innere Konflikte in der Form von Kämpfen mit der Außenwelt ausgetragen werden. Das Kind «streitet» mit einer Person seiner Umwelt und erleichtert und verleugnet damit seinen inneren Zwiespalt. Der Analyse, die bemüht ist, den wirklichen psychischen Sachverhalt wiederherzustellen und dem Bewußtsein zugänglich zu machen, wird ein starker Widerstand entgegengesetzt, der sich unter Umständen zur vollen Weigerung steigert. Hier ist es wichtig für den Analytiker, die negative Haltung des Kindes auf seine Angst- und Unlustabwehr zurückzuführen, anstatt sie mißverständlich als «negative Übertragung» zu deuten.*[120]

Anna Freud hält 1927 eine *Zeit der Einleitung* für notwendig, um das Kind analysierbar zu machen – später wird sie das als eine Zeit der *Analyse von Abwehrvorgängen* charakterisieren.[121] Sie versucht, sich auf die Seite des Kindes zu stellen; gleichzeitig muß sie aber auch versuchen, Differenzierung und konflikthaltiges Gegenwirken (Strukturierung) im seelischen Leben des Kindes voranzubringen. Denn sie muß Ansatzstellen finden, von denen aus das Hin und Her seelischer Entwicklung neu und anders belebt werden kann. Was also üblicherweise die seelische Entwicklung mit sich bringt – Differenzierung, Konflikt, Auseinandersetzung, Umwandlung –, das wird auch zur Methode der Analyse. Aber das vollzieht sich nie auf einen Schritt; es geht allmählich weiter, mal einen Schritt in dieser, dann in einer anderen Richtung; auf «Verwandlung» folgt «Zurückverwandlung», neue «Verwandlung» und so fort:
Nachdem ich sie (das Teufelsmädchen) *in der Analyse dazu gebracht*

hatte, ihren «Teufel» sprechen zu lassen, begann sie, mir eine Unzahl von analen Phantasien mitzuteilen, anfangs zögernd, dann immer mutiger und ausführlicher, als sie merkte, daß Mißfallensäußerungen von meiner Seite ausblieben. Die Stunde stand allmählich ganz im Zeichen des Analen und wurde ihr zur Ablagerungsstätte aller dieser sie sonst bedrückenden Tagträume. Während dieses Sprechens mit mir war dann auch der Druck von ihr genommen, der sonst ständig auf ihr lag. Sie bezeichnete die Zeit bei mir selber als ihre «Ruhestunde» ... Ihre Befreiung zeigte sich vor allem in einem veränderten, aufmerksamen und lebhaften Wesen.

Nach einiger Zeit machte sie nun einen Schritt weiter. Sie begann, zuhause ebenfalls etwas von den bisher streng gehüteten Phantasien und analen Einfällen merken zu lassen, machte etwa, wenn eine Speise auf den Tisch kam, einen halblauten Vergleich oder einen an die anderen Kinder gerichteten «schmutzigen» Scherz. Die damalige Pflegemutter des Kindes kam daraufhin zu mir, um sich Verhaltensmaßregeln geben zu lassen. Mir fehlten zu dieser Zeit noch viele meiner später gewonnenen Einsichten in die Kinderanalyse, und ich nahm die Situation leicht, gab den Rat, man solle weder zustimmen noch ablehnen, sondern solche kleinen Ausfälle einfach unbeachtet lassen. Die Wirkung war eine nicht vorhergesehene. Das Kind verlor unter diesem Mangel an Kritik von außen her jedes Maß, trug nun einfach das bisher nur bei mir in der Stunde Geäußerte auch in sein Haus hinüber und schwelgte, so wie vorher bei mir, ganz in seinen analen Vorstellungen, Vergleichen und Ausdrücken. Die anderen Hausgenossen empfanden das bald als unerträglich, ihnen verging, besonders bei dem Verhalten des Kindes am gemeinsamen Mittagstisch, jeder Appetit ... Sie hatte sich in wenigen Tagen in ein heiteres, übermütiges, schlimmes, mit sich selbst gar nicht sehr unzufriedenes Kind verwandelt ...

Zum Glück stellte sich die Situation nur theoretisch als so gefährlich dar, in der Praxis war sie leicht wieder zu beheben. Ich bat die Pflegemutter, weiter gar nichts zu veranlassen und etwas Geduld zu haben. Ich würde das Kind wieder zur Ordnung bringen, könnte nur nicht versprechen, wie bald sich eine Wirkung zeigen würde. In der nächsten Stunde benahm ich mich dann sehr energisch. Das sei ein Bruch aller Verabredungen, erklärte ich. Ich hätte geglaubt, sie wollte mir diese schmutzigen Dinge erzählen, um sie loszuwerden. Jetzt aber sähe ich, daß das gar nicht so sei. Sie wollte das ja gerne allen Leuten im Hause sagen, um ihr Vergnügen daran zu haben ... Nun sollte sie sich entscheiden. Sie wurde daraufhin sehr blaß und sehr nachdenklich, sah mich an und sagte mit demselben ernsthaften Einverständnis wie bei der ersten analytischen Verabredung: «Wenn du sagst, daß es so ist, dann werde ich nichts mehr davon sagen.» Damit hatte ihre zwangsneurotische Gewissenhaftigkeit wieder eingesetzt. Im Hause kam von diesem Tage an kein Wort über derartige Dinge mehr über ihre Lippen. Sie war wieder zurückverwandelt, aber sie war auch wieder aus einem schlimmen und perversen zu einem gehemmten und interesselosen Kind geworden.

Die gleiche Verwandlung mußte ich bei derselben Patientin im Laufe ihrer Behandlung noch mehrere Male vornehmen. Immer wenn sie mir nach der analytischen Befreiung aus ihrer ungewöhnlich schweren Zwangsneurose in das andere Extrem, die «Schlimmheit» oder die Perversion entwischt war, blieb mir nichts anderes übrig, als selber die Neurose wieder herbeizuführen und den schon entschwundenen «Teufel» noch einmal in seine Rechte einzusetzen, jedesmal natürlich mit geringeren Quantitäten und mit größerer Vorsicht und Milde, als die seinerzeitige Erziehung es getan hatte, bis ich schließlich das Kind dazu gebracht hatte, zwischen den beiden ihm möglichen Extremen die Mitte zu halten.

Ich hätte dieses Beispiel nicht in solcher Breite mitgeteilt, wenn sich nicht alle in diesem letzten Abschnitt behaupteten Verhältnisse der Kinderanalyse an ihm illustrieren ließen: die Schwäche des kindlichen Ichideals, die Abhängigkeit seiner Forderungen und folglich seiner Neurose von der Außenwelt, seine Unfähigkeit zur eigenen Beherrschung der befreiten Triebe und die daraus sich ergebende Notwendigkeit für den Analytiker, das Kind erzieherisch in der Gewalt zu haben.[122]

Mit diesem Methoden-Verständnis stand Anna Freud in Gegensatz zur Kinderanalyse, wie sie Melanie Klein praktizierte. Melanie Klein übersetzte jeden Spieleinfall des Kindes direkt in entsprechende Gedanken; zum Beispiel den Zusammenprall zweier Wagen in die Deutung, das Kind habe den Geschlechtsverkehr der Eltern beobachtet.[123] Die Direktdeutung sei ein methodischer Fehler, meinte Anna Freud; besonders angesichts des von der Erwachsenensituation abweichenden Entwicklungsstandes, in dem sich das Kind befindet. Beim Kind ragt die Realität des Elternhauses in die *innere Angelegenheit* seiner Neurose weiter hinein als beim Erwachsenen. Anna Freud wendet sich gegen die Annahme, alle seelischen Mächte seien schon von Lebensbeginn an *innen* wirksam; sie betont, daß erst im Laufe der Entwicklung das Gegeneinander der seelischen Instanzen ausgeformt werde.[124]

Damit hatte sich Anna Freud nicht allein in Melanie Klein eine Feindin geschaffen, sondern auch die Gefahr einer Spaltung der Psychoanalyse heraufbeschworen. Denn Melanie Klein war 1926 von Berlin nach England gegangen und hatte einen Teil der englischen Analytiker, mit Ernest Jones an der Spitze, zu ihren Anhängern gemacht.[125] Hier ging es nicht mehr allein um die Kinderanalyse, sondern um eine Auslegung der Psychoanalyse, die mit viel mehr metaphysischer Munition ins Feld rückte, als bei Sigmund Freud vorgesehen war. Als Anna Freud 1927 nach England kam, sah sie das schwere Geschütz auf sich gerichtet. Aber weder sie noch ihr Vater ließen es zur Schlacht und zum Bruch kommen. Obwohl Freud die Thesen von Melanie Klein für eine Karikatur seiner eigenen Auffassung hielt und sich über Jones ärgerte[126] – er bestand nicht mehr auf einem Entweder-Oder wie zur Zeit der ersten Streitigkeiten mit Adler, Jung und Stekel. Daß Otto Rank und Wilhelm Reich die Vereinigung verlassen mußten, war auch mehr dem Drängen ihrer Rivalen zuzuschreiben als der Meinung des Meisters und seiner Tochter.[127]

Offensichtlich erleichterte die Familienform, die Anna Freud entwickelt hatte, jetzt eine praktikable Trennung zwischen einem sorgfältig überprüften Kern von Anhängern und einer nicht so streng auf klassische Psychoanalyse eingeschworenen *Bewegung*. Was bei der Kern-Familie nicht hätte geduldet werden können, war im größeren Kreis schon eher zu ertragen. Daher konnten sich Anna Freuds Vermittlungsfähigkeiten gegenüber der Psychoanalytischen Bewegung im großen bewähren: sie sorgte dafür, daß die Psychoanalytische Vereinigung sich weder bei dem Streit mit den Kleinianern noch bei dem Streit mit den Amerikanern um die Laienanalyse spaltete.[128] Das heißt aber nicht, daß Anna Freud nun meinte, die anderen hätten auch Recht, und das heißt schon gar nicht, sie hätte ihre Feinde geliebt – Liebe und Gegenliebe gab es nur in der Treuegemeinschaft der Familie.

Die Werbung für die wahre Freud-Familie hörte für Anna Freud nie auf – weder nach innen noch nach außen. Sie stellte ihr ganzes didaktisches und rhetorisches Geschick in den Dienst der Sache. So entstand aus Vorträgen vor Wiener Erziehern ihr nächstes Buch: *Einführung in die Psychoanalyse für Pädagogen* (1930). Das Buch ist ein gutes Beispiel für die Produktion Anna Freuds auch in späteren Jahren: sie bringt ihre Überlegungen zunächst in Gestalt eines Vortrags zusammen, der ein klares Argumentationsgerüst hat; danach folgt die Veröffentlichung oder die Zusammenstellung mehrerer Vorträge als Gerüst eines Buches. Die *Einführung* trägt den Stand der Psychoanalyse vor, soweit er in den zwanziger Jahren auf einfache Verhältnisse zu bringen war; sie weist nicht darauf hin, daß Freuds Überlegungen bereits weit über diese Grundformeln hinausgegangen waren und daß er auch seinen Lieben riet, nicht in ihren Überlegungen stehenzubleiben.[129]

Anna Freud beginnt wieder mit allgemeinen psychologischen Erwägungen: es ist notwendig, die *Äußerungsformen* der Kinder zu ordnen und auf ihre Ursachen zurückzuführen. Die offizielle Psychologie ließ sich hier aber täuschen – sie schätzte die Bedeutung der ersten Kindheit wegen ihrer Unbekanntheit – wir erinnern uns nur an weniges – falsch ein. Die Psychoanalyse vermutet dagegen ein *starkes Motiv* hinter diesem Nichtwissen. Die *ganze Lage* des Kindes wirkt als Motiv, sich an die Vorgänge in seiner Kindheit nicht mehr zu erinnern: es ist aus einem Konflikt in einen anderen geraten, es leidet unter seinen widerstreitenden Gefühlen. Sich-Entwickeln-Müssen ist die *Arbeit* des Kindes; wenn es ihm zu schwer wird, stellt es seine Arbeit ein und sucht sie zu vergessen. Das seelische Leben und die Erziehung beginnen mit dem ersten Lebenstag, und die damit verbundene Entwicklungs-Arbeit ist alles andere als ein Spiel.

Während die Psychoanalyse in ihren Anfängen möglichst bald auf den Ödipuskonflikt zu sprechen kam, beschreibt Anna Freud in der *Einfüh-*

rung zunächst ausführlich die *Einheit von Mutter und Kind* – das Kind ist vollständig von der Fürsorge und Liebe der Mutter abhängig; seine Haßregungen gegen die das Verhältnis störende Außenwelt bringen es in einen Konflikt, weil die Mutter die bösen Wünsche nicht duldet.

Aber dieser Konflikt ist nur ein Vorspiel zu dem ödipalen Gefühlskonflikt, der mit dem Vater als Vorbild und Widersacher verbunden ist. Im Ödipuskonflikt spitzt sich die verzwickte Lage des Kindes zu: allein die *Freundlichkeit* der Kultur, in der es lebt, bewahrt das Kind, dessen Lösungsversuche *rücksichtslos, grausam, schamlos* sind, vor der Vernichtung. In einer Folge von Entwicklungsstufen kommt es allmählich zu einer kultivierenden *Umwandlung* der infantilen Regungen; sie werden in ihr Gegenteil verkehrt, vergessen, mit Intoleranz gegen diejenigen verfolgt, die nicht verzichten wollen. Indem sie Übersicht über die Folgen der kindlichen Regungen gewinnt, macht die Psychoanalyse Entwicklung als *organisches Ganzes* sichtbar.

Anna Freuds Interesse richtet sich wiederum auf einige Grundmuster oder «Komplexe» seelischen Lebens und auf die Wandlungen, die die Probleme dieser Komplexe verarbeiten. Für den Übergang zur Erwachsenenwelt ist besonders wichtig, daß das Kind die elterlichen Gebote zu einem Bestandteil seines Lebens umwandelt. *Das arme Kind* spaltet sich, indem seine Idealbildungen (Über-Ich) unerbittlich gegen seine alten Ziele vorzugehen beginnen – das ist jetzt eine *innere* Angelegenheit geworden. Man kann sich hier nicht des Eindrucks erwehren, Anna Freud sage besonders dem *starren Über-Ich* (starren Idealen) ihren Kampf an; allerdings ist sie genauso entschieden dagegen, alles einfach zuzulassen. Die Wahrheit, die sie in ihren Beobachtungen und Analysen von Kindern ergriff, ist ihre eigene Wahrheit – was sie für andere Kinder tut, das tut sie auch für das Kind in sich; sie durchformt ihre eigenen Vermittlungsversuche, deren Schema sie in der Analyse durch ihren Vater kennenlernte.

Für die Pädagogik leistet die Psychoanalyse dreierlei: als *Psychologie* erweitert sie die Menschenkenntnis, als *Kritik* setzt sie sich mit bestehenden Erziehungsformen auseinander, als *Kinderanalyse* bemüht sie sich, Schäden auszubessern. In einem ergänzenden Vortrag unterstreicht Anna Freud mehrmals die kulturelle Bedingtheit von Erziehung: sie hatte zu verschiedenen Zeiten verschiedene *Produkte zu liefern: Spartaner, Asketen, Ritter, ergebene Untertanen, auf Erwerb gerichtete Bürger, friedliche Arbeiter oder Revolutionäre.*[130]

Einen Einblick in die Protokolle, die Anna Freud über ihre Analysestunden anfertigte, gibt die Darstellung des Falles Peter Heller, der mit neun Jahren in ihre Behandlung kam.[131] Anna Freud notierte sich die (manifesten) Erzählungen und Träume des Kindes; sie ergänzte sie durch eine Beschreibung seiner Aktionen. Davon hob sie ihre Deutungen der Problemkreise und ihre Vermutungen über die Mechanismen der Verarbeitungsvorgänge ausdrücklich ab. Von Zeit zu Zeit faßt sie zusammen, indem sie nach Übertragung, Wiederholung von Themen, zu bewältigenden Problemen (Synthesen) fragt. Demgegenüber läßt sich wohl kaum der Vorwurf mancher «offizieller» Psychologen aufrechterhalten, die Psychoanalyse stütze sich nur auf Erwachsenenerinnerungen. Bereits ein kurzer Auszug aus den Protokollen von Anna Freud über ihre Analyse des kleinen Peter Heller macht deutlich, wie sorgfältig sie seelische Prozesse beobachtete und in welcher Weise sie sie interpretierte.

Geistiger und körperl(icher) Exhibitionismus
A
Bringt an diesem Tag die Novelle Ferdinand mit, liest mir weiter vor: ganz großartig.
Schönste Szenen
a) Ferd(inand) nach der Schlacht im Bett, kann sich nicht eingestehen, daß es Feigheit und nicht Mut war, den Kl(einen) zu schlagen.
b) Ferd(inand) wird vom betrunkenen Vater vor den andern entehrt und geschlagen. Reaktion der Kinder.
c) Selbstgespräch des Vaters.
B
Am nächsten Tag möchte er den Genuß des Bewundertwerdens fortsetzen, bringt sich durch obszöne Worte, Sätze aus Büchern etc. in Erregung, die er mir produziert.
Deutung:
will sein Glied zeigen, wie er die Novelle gezeigt hat.
*   Der Traum von den 2 Richtungen*
Ein Traum, den er nur aufzeichnen kann.
«Es ist etwas da wie ein Bock im Turnsaal und 2 Richtungen.»
Assoziationen:
er ist im Turnsaal einmal so flach auf den Bock gesprungen, daß er sich am Glied weh getan hat.
Deutung:
Die 2 Richtungen, die er vereinigen muß, sind Hans und Menga, Analyse und Politik (Marx und Freud). Die eine Richtung sagt, Kinder dürfen alles lesen, die andere: das paßt nicht für Dich. Seine Sex(ualität) ist schuld, daß Menga fort ist, die Eltern können sich wieder v e r e i n i g e n, wenn er seine Ansprüche auf b e i d e aufgibt, sich k a s t r i e r t.
Er findet als Lösung seiner Unehrlichkeit: weil die Eltern immer vorgespiegelt haben, daß sie sich lieben.
Anspielung auf die Vision?
Er schreit, wenn die Eltern verkehren, stört sie. Wenn er still bliebe, könnten sie fortfahren.
Phantasie aus früh(eren) Tagen: daß sie alle 3 nach Hietzing ziehen würden, miteinander leben.[132]

Aus dem Umgang mit den Entwicklungsprozessen, die Anna Freud bei ihren Kinder- und Erwachsenenfällen erforschen konnte, erwuchs eine neue Interpretation der psychoanalytischen Psychologie. Anna Freud hielt sich, wie die Protokolle der Analyse von Peter Heller zeigen, bei ihren Rekonstruktionen konsequent an die Markierungen, die ihr Vater gesetzt hatte, wie Exhibition, Konflikt, Kastration. Aber die Beschäftigung mit dem für Anna Freud zentralen Entwicklungsthema ließ sie schneller als andere verstehen, in welche Richtung sich die neuen Überlegungen von Freud nach 1920 vorantasteten. Aus diesem Verständnis erwuchs ihr eigener originaler Beitrag zu einem neuen Konzept von Entwicklungs-Psychologie: *Das Ich und die Abwehrmechanismen* (1936).

«Entwicklung» kann, oberflächlich betrachtet, darauf hinweisen, daß sich zwischen Geburt und Erwachsen-Werden einiges verändert – dann ist mit Entwicklung ein Gebiet umrissen, auf dem Daten zu sammeln sind. «Entwicklung» kann aber auch als Wesenszug des Seelischen überhaupt verstanden und in ihren Voraussetzungen, in ihrer Gestaltvielfalt und in ihren Mechanismen – wie sie funktioniert – erforscht werden. Dann wird Entwicklung zu einem Leitgedanken wissenschaftlicher Rekonstruktion, aus dem die zu beobachtenden Ausdrucksformen abgeleitet werden. Um dieses psychologische Verständnis von Entwicklung überhaupt geht es Anna Freud. Sie ist von vornherein fasziniert durch die Drehungen und Wendungen, in denen sich das *organische Ganze* seelischer Entwicklung abspielt; darin zeigt sich, was das Seelische alles in die Welt setzen kann.

Bei der Analyse konkreter Entwicklungsverläufe durch Anna Freud treten die psychologischen Probleme, die eine Entwicklungstheorie angehen muß, sowie ihr eigenes Konzept von seelischen Zusammenhängen besonders klar zutage:

Eine junge Erzieherin berichtet in ihrer Analyse, daß ihre Kinderjahre von zwei Vorstellungen erfüllt waren: sie wollte schöne Kleider und viele Kinder haben. Das Ausmalen der Erfüllung beider Wünsche beschäftigte sie fast zwanghaft in ihren Phantasien. Aber auch neben diesen beiden Hauptwünschen war sie von zahllosen anderen Verlangen erfüllt: sie wollte alles haben und mitmachen, was ihre viel älteren Spielgefährten besaßen und unternahmen, ja sogar alles besser machen und dafür bewundert werden. Ihr ewiges «Möcht auch!» war eine Plage für die erwachsene Umgebung. Dabei hatten die meisten ihrer Wünsche den Charakter der Dringlichkeit und Unersättlichkeit.

In der Erwachsenheit wirkt sie vor allem als bescheiden und anspruchslos. Sie ist zur Zeit der Analyse noch unverheiratet und kinderlos, in der Kleidung eher ärmlich und unauffällig. Sie zeigt wenig Neid und geringen Ehrgeiz und konkurriert mit anderen nur, wenn äußere Notwendigkeiten sie dazu drängen. Der erste Eindruck ist, daß sie sich, wie es so häufig vorkommt, im vollen Gegensatz zu ihrer Kinderzeit entwickelt hat, daß ihre Wünsche Verdrängungen erlegen sind und sich im Bewußtsein durch Reaktionsbildungen ersetzen (etwa Gefallsucht durch Bescheidenheit,

Ehrgeiz durch Anspruchslosigkeit). Als Ursache der Verdrängung würde man ein Sexualverbot zu finden erwarten, das sich von Exhibitionsgelüsten und Kindeswunsch aus über das übrige Triebleben verbreitet hat. Aber nicht alles an ihrem aktuellen Verhalten fügt sich diesem Eindruck. Eine ausführlichere Darstellung ihres Lebens zeigt eine nach Verdrängungen kaum mögliche Bejahung ihrer alten Wünsche. Ihre eigene Sexualablehnung stört sie nicht daran, das Liebesleben ihrer Freundinnen und Berufskolleginnen mit positivem Interesse zu verfolgen. Sie hilft bei Eheschließungen und ist die Vertraute vieler Liebesabenteuer. Der Mangel an Interesse für ihre eigene Kleidung hindert sie nicht an aktiver Fürsorge für die Kleidung anderer. Der eigenen Kinderlosigkeit parallel läuft eine Zuwendung zu den Kindern anderer Menschen, die auch in der Berufswahl ihren Ausdruck findet. Man könnte sagen: sie hat ein gesteigertes Interesse daran, daß ihre Freundinnen schöne Kleider bekommen, gefallen und Kinder haben. In analoger Weise ist sie trotz eigener Zurückhaltung ehrgeizig für ihre männlichen Liebesobjekte, deren berufliche Laufbahn sie auch mit gesteigertem Interesse verfolgt. Man erhält den Eindruck, als wäre ihr eigenes Leben von Wünschen und Interessen entleert; es bleibt bis zur Zeit der Analyse fast ereignislos. Statt Aktivität auf die Erreichung eigener Ziele zu verwenden, gibt sie alle Energie in Teilnahme an dem Schicksal der ihr Nahestehenden aus. Sie lebt mit anderen Menschen mit, statt selber etwas zu erleben.

Die Darstellung dieses Falls, der auch einiges von den Umwandlungen und Umverteilungen im Leben Anna Freuds erläutern kann, ist ein Beispiel für das Vorgehen bei der Analyse der Abwehrmechanismen. Es ist notwendig, die Tatbestände, mit denen der Analytiker zu tun hat, von verschiedenen Seiten her zu betrachten; dabei müssen auch scheinbar widersprüchliche Beobachtungen aufgegriffen werden. Um so schärfer läßt sich dann die Frage nach der grundlegenden *Konstruktion* stellen: welches zentrale Problem unlösbar erschien und wie versucht wurde, in *Umwandlungen* damit fertig zu werden. So hatte die Erzieherin früh darauf verzichtet, ihren *männlichen Ehrgeiz* oder den *Wunsch, dem Vater nackt zu gefallen*, durchzusetzen. Aber sie bringt in Umbildungsprozessen diese Regungen bei *Ersatzpersonen* unter. Mit ihnen setzt sie sich gleich (Identifizierung): sie lebt sich selbst im Leben der anderen aus. Was sie sich verbietet, toleriert sie bei anderen, und damit lebt sie auf einem Umweg, *im Mitgenuß*, ihre ursprünglichen Tendenzen weiter. *Die Abtretung ihrer eigenen Triebregungen an andere Personen hat danach egoistischen Sinn; aber die Bemühung um die Triebbefriedigung dieser andern ergibt ein Verhalten, das wir altruistisch nennen müssen.*[133]

Mit Hilfe ihrer Methode macht Anna Freud vieles verständlich, was uns im eigenen Erleben und Verhalten wie in dem unserer Mitmenschen seltsam und befremdlich erscheint. Sie macht sichtbar, daß das Seelische selbst eine ungemein wendige und bewegliche *Konstruktion* ist. Es kann sich bestimmten Problemen und Lebensnotwendigkeiten nicht entziehen

– aber es kann sie umgestalten, und zwar so, daß etwas zugleich vermieden und zugelassen, aufgegeben und doch aufs neue wiederholt wird. Dadurch kommen so eigentümliche Lebensformen wie *egoistischer Altruismus* oder *Mitgenuß der Triebbefriedigung anderer* zustande. Solche Einsichten sind jedoch nur möglich, wenn man, wie Anna Freud, ein klares und «systematisches» Bild vom seelischen Geschehen im Kopf hat.

Es gibt nicht viele Falldarstellungen in der psychologischen Literatur, die so klar und knapp zugleich die Wendungen eines Menschen und die dabei wirksamen Probleme des seelischen Totals überschaubar machen. Dabei greifen Beschreibungen des Verhaltens und Erlebens und die Rekonstruktion seelischer Mechanismen ständig ineinander; das ist psychologisches Denken aus einem System, ohne die Vielfalt der Phänomene durch lebensferne Abstraktionen einzuschränken. Einen solchen Standpunkt zu gewinnen, das sollten die Psychologen nach Anna Freuds Meinung lernen: *psychologisch denken lernen* war ihr wichtiger als Bücherwissen und Scheinexaktheit; wenn sie darüber sprach, tippte sie sich mit dem Finger an den Kopf: *hierauf kommt es an!*[134]

Die Analyse der Drehungen und Wendungen der Entwicklungsvorgänge macht uns darauf aufmerksam, daß wir es mit einem Ganzen zu tun haben, dessen Anteile widersprüchlich sind; dennoch hält ihre Spannung das Ganze in Bewegung, führt seine Entwicklung weiter und drängt auf produktive Lösungen. Es geht also nicht (mehr) an, alles Interesse auf die Gesetze des «Es» zu richten – in methodischer und sachlicher Hinsicht erscheint es sinnvoller, das «Ich» als Drehpunkt des Zusammenwirkens der verschiedenartigen Anteile des Ganzen in den Griff zu nehmen; die *Wechselwirkung* hält das Spiel in Bewegung. Wieder geht Anna Freud von der Methode aus: die *Bilder* des Seelischen zeigen ein *Hin und Her* zwischen Es-Vorstößen und Ich-Vorstößen. Diese Doppelrichtung müssen wir bei der Beobachtung seelischer Vorgänge beachten, also auch bei der Analyse der Wandlungsprozesse; in das Hier und Jetzt werden alte Es-Durchbrüche und alte Abwehrmaßnahmen des Ich übertragen. Aber wir können nicht direkt und ohne Zwischenschritte feststellen, was da bei einem Fall eine Rolle spielt. Erst indem wir den *Weg der Triebumwandlungen* zurückgehen, können wir hoffen, an *vollständige Bilder der psychischen Persönlichkeit*[135] heranzukommen; der Psychoanalyse geht es nicht um Bilder nur von einer Seite aus.

Aufs Ganze gesehen sind die Bewältigungsversuche des Ich zugleich immer Verwandlungen von Trieben; Triebschicksale und Abwehrmethoden sind nicht zu trennen. An die Stelle direkter Deutung tritt hier die Rekonstruktion der *Affektverwandlungen*, die mit der Entwicklung verbunden sind. Anna Freud setzt so auf eine Entwicklungsmethode als angemessene Annäherung an Seelisches, weil sie die Eigenart des Seelischen überhaupt als Entwicklung versteht. Daß es ganzheitliche Lösungen gibt, zeigt sich an den Gestalten des Verhaltens und Erlebens, die wir für selbstverständlich (*normal*) halten. Offenbar gibt es ein Maß für seelische Lösungen der Probleme, die aus den verschiedenartigen Anteilen des seelischen Apparates erwachsen. Wo wir befremdliche Abweichungen von diesen Normal-Vorbildern verspüren, setzt die Frage nach *speziellen Umwandlungs- oder Abwehrprozessen* an. An einem weiteren Fall, einer jungen Fürsorgerin, vergleicht Anna Freud nun die Leistungen spezieller Mechanismen:

Die Fürsorgerin ist ein mittleres Kind in einer Reihe von vielen Geschwistern. Ihre Kindheit wird von einem stürmischen Penisneid auf den älteren und jüngeren Bruder ausgefüllt und von Eifersucht, die durch die wiederholten Schwangerschaften der Mutter immer neu genährt wird. Neid und Eifersucht verbinden sich schließlich zu einer starken Feindseligkeit gegen die Mutter. Da die Liebesbindung an die Mutter aber nicht geringer ist als ihr Haß gegen sie, beginnt in ihr nach einer ersten Periode von ungehemmter Wildheit und Schlimmheit ein intensiver Abwehrkampf gegen die negativen Regungen. Sie hat Angst, die Liebe der Mutter, die sie nicht entbehren kann, durch die Äußerung ihrer eigenen Haßgefühle zu verlieren. Sie hat Angst vor den Strafen der Mutter; und sie kritisiert sich selbst aufs schärfste für ihre eigenen verbotenen Rachegelüste.[136]

Hier charakterisiert Anna Freud ein allgemeines Grundproblem des Seelischen, das uns bereits beim «Teufelsmädchen» entgegentrat: das Kind muß damit zu Rande kommen, daß sich Haß und Liebe auf die gleichen Personen beziehen können (Ambivalenz) und daß es dennoch eine entschiedene Haltung ihnen gegenüber finden muß. Daraus erwächst notwendig die Aufgabe, eine komplizierte Organisation aufzubauen, die in der Lage ist, widersprüchlichen Neigungen gerecht zu werden, ohne die Einheit der Organisation zu zerstören. Dazu werden «Instanzen» für Zensur, Realitätsgerechtheit, Synthese eingerichtet und spezielle Formen der Abwehr und Umwandlung entwickelt. Solche *Bewältigungsversuche* unternimmt auch die Fürsorgerin:

Sie verschiebt zur Lösung des Ambivalenzkonflikts die eine Seite der Ambivalenz nach außen. Die Mutter bleibt das geliebte Objekt. Neben ihr aber gibt es von da an im Leben des Mädchens immer eine zweite wichtige weibliche Person, die intensiv gehaßt wird. Die Situation erleichtert sich dadurch; ihr Haß gegen das fremdere Objekt wird vom Schuldgefühl nicht ebenso energisch verfolgt wie der Mutterhaß. Aber auch dieser verschobene Haß bringt noch reichlich Leiden mit sich. Diese erste Verschiebung erweist sich auch in weiterer Folge als unzureichend zur Bewältigung der Lage.

Das Ich des Mädchens setzt jetzt einen zweiten Mechanismus in Tätigkeit. Es wendet den Haß, der bis dahin ausschließlich der Außenwelt galt, gegen die eigene Person. Das Kind martert sich selbst mit selbstquälerischen Anklagen und Minderwertigkeitsgefühlen, tut die Kindheit und Jugend hindurch bis in die Erwachsenheit alles, um sich selbst zu benachteiligen und zu schädigen, und setzt die eigenen Ansprüche an ihr Leben ständig hinter die der anderen zurück. Für den Anschein von außen her ist sie seit Inkrafttreten dieser Abwehrtechnik masochistisch geworden.

Aber auch diese Methode erweist sich noch nicht als ausreichend für die Bewältigung. Die Patientin beginnt zu projizieren. Der Haß, den sie für die geliebten weiblichen Objekte oder ihre Ersatzpersonen gefühlt hat, verwandelt sich in die Überzeugung, daß sie selbst von diesen Objekten gehaßt, zurückgesetzt oder verfolgt wird. Ihr Ich empfindet Entlastung vom Schuldgefühl. Sie ist aus einem schlimmen Kind, das sich böser Gefühle gegen die Person seiner Umgebung schuldig macht, zu einem gequälten, benachteiligten, verfolgten Kind geworden.

Diese drei Umwandlungen (Abwehrmechanismen) sind aber nicht die einzigen Bewältigungsformen, über die das Seelische angesichts des Liebe-Haß-Problems verfügt. Anna Freud verdeutlicht die Kombinationsfähigkeit der seelischen Organisation durch einen Vergleich der eben dargestellten Entwicklungsprozesse mit den *Verhältnissen* bei den Bewältigungsformen der Hysterie oder der Zwangsneurose:

Nehmen wir an, die Aufgabe wäre die gleiche: Bewältigung des Mutterhasses, der aus dem Penisneid entspringt. Die Hysterie erledigt sie durch Verdrängung. Der Haß gegen die Mutter wird aus dem Bewußtsein gestrichen, allen seinen möglichen Abkömmlingen wird der Eintritt ins Ich energisch verwehrt. Die aggressiven Regungen, die an ihn, die sexuellen, die an den Penisneid geknüpft sind, können in körperliche Symptome verwandelt werden ... Auch bei der Zwangsneurose erfahren Mutterhaß und Penisneid zuerst eine Verdrängung. Im weiteren Verlauf sichert sich das Ich gegen Rückkehr des Verdrängten durch Reaktionsbildungen. Das gegen die Mutter aggressive Kind wird überzärtlich und um das Leben der Mutter besorgt, Neid und Eifersucht werden in Selbstlosigkeit und Fürsorge für die andern verwandelt. Die Einführung von zwanghaften Handlungen und Vorsichtsmaßregeln schützt die geliebten Objekte vor dem Ausbruch der eigenen Aggressionen, eine strenge Übermoral überwacht die sexuellen Äußerungen.

Die Kinder, die ihre Probleme durch Hysterie oder Zwangsneurose zu bewältigen suchen, kommen zwar *zur Ruhe*; aber durch die Verdrängung schließen sie auch große Anteile ihres Seelenlebens von der Weiter-Entwicklung aus. Die ursprüngliche *Beziehung zu Mutter und Brüdern* sowie zur eigenen *Weiblichkeit* wird der *weiteren bewußten Verarbeitung entzogen*. Die Kinder müssen viel Energie aufwenden, um den einmal festgelegten Zustand ihrer seelischen Organisation gegen neue Umwandlungen abzusichern. Dadurch fehlt ihnen diese Energie bei der Ausbildung *anderer lebenswichtiger Tätigkeiten*. Was sie in ihrem Ruhezustand allenfalls erreicht haben, ist, daß die Angst ihres Ich *gebunden* ist, seine Schuldgefühle *untergebracht*, seine Strafvorstellungen *befriedigt* sind.

Die Abwehrvorgänge werden durch die Angst des Ich – als Vermittlungen – in Gang gesetzt. Daher spricht Anna Freud von einer *Orientierung* der Abwehrvorgänge *nach Angst und Gefahr*. Die Triebgefahren sind immer die gleichen; aber die Gründe, warum die Ich-Anteile Triebvorstöße als Gefahr erleben, sind verschieden: aus *Realangst*, aus *Über-Ich-Angst*, aus *Angst vor der Triebstärke*, aus *Synthesebedürfnis*. Das Paradoxe an der ganzen Geschichte ist, daß die Abwehrmethoden keine *reinen* Ich-Leistungen sind – sie bedienen sich der Eigenschaften von Es-Vorgängen. Hier klingt ein Thema an, das Freud schon in der «Traumdeutung» beschäftigte: gibt es so etwas wie eine Grundsprache des Seelischen, in der sich die gegensätzlichen Anteile treffen? [137] Die Verbindung zu Angst und Gefahr liegt demgegenüber auf der Linie, die Freud zum Konzept eines Urtraumas führte [138]; seelische Entwicklungen werden nicht allein durch Lust-Unlust-Tendenzen bestimmt, sondern auch durch Zwänge, die mit Danebengehen, Vereinseitigung, Festlegung zu tun haben.

Anna Freud bewertet die Abwehr *nicht* als eine *negative* Leistung. Ohne Abwehr kommt keine Entwicklung zustande. Es geht mehr darum, Fixierungen oder Vereinseitigungen oder Überspitzungen der Abwehr aufzulösen; denn Entwicklung ist immer Durchgang, Wandlung, *Metamorphose*. Daher beschäftigt sich Anna Freud in ihrem Buch vor allem mit Vorstufen der Abwehr, die wieder anderen Gestaltbildungen Platz machen können. Am Fall des «Kleinen Hans» [139] stellen sich *Verleugnung in der Phantasie*, an anderen Fällen *Rollentausch* und *Umkehrung* als Bearbeitungsformen von Problemen heraus. [140] Das sind Formen, die dazu beitragen, die zentrale Problemstruktur und ihren Konflikt unkenntlich zu machen. In die gleiche Richtung gehen *Ich-Einschränkung, Identifizierung mit dem Angreifer*, Formen des *egoistischen Altruismus*. [141]

Das Bild vom Seelischen im ganzen, das Anna Freud 1936 entwirft, sieht die Beweglichkeit des Seelischen zugleich als Problem, als Lösungsmöglichkeit und als Gefahr. Im Laufe der Entwicklung will alles mögliche unser Handeln in Bewegung bringen: Liebe, Haß, Rivalität, «Schmutziges», Rücksichtslosigkeit, Schutz, Abwehr. Das ist ein schwererträgliches Gegeneinander, und das Seelische kann versuchen, sich seinen eigenen Problemen zu entziehen, indem es sich in allerlei Umwandlungsprozessen entstellt: aus aktiv wird passiv und umgekehrt, aus Fremdem wird Eigenes, aus Eigenem Fremdes – das Ganze wird deformiert, eingeschränkt, umgewandelt. Alles dreht sich, bis ein bestimmter *Gleichgewichtszustand* erreicht zu sein scheint – aber das muß nicht immer Entwicklung bedeuten, sondern kann auch gefährliche Stillegung mit sich bringen. Die entscheidende Frage für Anna Freud bleibt immer, ob die Entwicklung weitergeht oder ob sie zum Stillstand gebracht wird – und dann nur noch in unerfreulichen Nebenerscheinungen auf Ausdruck drängen kann.

Das Ich und die Abwehrmechanismen war das Präsent von Anna Freud zum 80. Lebensjahr ihres Vaters. Er war darauf sehr stolz – Annas Arbeit war ihm das «noch Erfreuliche» in dieser Zeit. Aber er machte sich zugleich auch Sorgen, weil ihre vielen Aufgaben ihr allmählich keinen Freiraum mehr ließen: was soll aus ihr werden? [142] Die Leser des neuen Buches ahnten nicht viel von den Mühen, unter denen es geschrieben war;

sie lobten den klaren Stil, die klugen Gedanken, den sicheren Griff, mit dem Anna Freud den *Drehpunkt Ich* und seine Tätigkeiten herausgestellt hatte.[143]

Die Entgegennahme des Goethepreises für ihren Vater 1930 in Frankfurt war ein letzter Glanzpunkt für Anna Freud am Ende der «goldenen zwanziger Jahre»[144]. Dann begann eine Zeit, die immer mehr Bedrückungen brachte – bis zur Emigration. Die Auswirkungen der Weltwirtschaftskrise trafen die schon durch Kriegs- und Nachkriegszeit geschwächten Länder Mitteleuropas schwer. Sie machten die Hoffnungen auf demokra-

Weltwirtschaftskrise,
Ende der zwanziger Jahre

tische Entwicklungen zunichte und begünstigten das Aufkommen radikaler Kräfte, die versprachen, die Last des Lebens durch die Leistungen eines «Führers» zu mindern. Für die «Nationalsozialistische Deutsche Arbeiter-Partei» des Adolf Hitler fielen Juden, Psychoanalytiker, Kulturbolschewisten unter das Kennzeichen «Untermenschen». Sigmund Freud und seine Tochter hatten schon einiges an Anfeindungen ertragen; vielleicht konnten sie diese sogar leichter nehmen, weil sie als Juden sowieso nicht erwarteten, daß sie jemand liebte.[145] Aber seit der «Machtergreifung» 1933 kam die Gefahr einer physischen Vernichtung auf sie zu.

Bücherverbrennung in Deutschland

1931 verstärkten sich wieder einmal die Finanzschwierigkeiten des Psychoanalytischen Verlags, der zu Beginn der zwanziger Jahre durch großzügige Geldspenden begründet – und auch erhalten – worden war; Anna Freud ist an den Verhandlungen beteiligt, die eine Auflösung verhinderten.[146] Zur gleichen Zeit engagiert sie sich im Ambulatorium mit Kinderanalysen – das war ein Vorläufer der Erziehungsberatungsstellen heute. Sie fährt mehrmals mit ihrem Vater zu Kieferbehandlung und Prothesenanfertigung nach Berlin. Dabei besuchen sie auch das Ausbildungsinstitut für Psychoanalyse und Freuds Söhne Ernst und Oliver, die in Berlin tätig sind. Daß Anna Freud auf Kongressen in verschiedenen Ländern den Vater vertritt, ist schon selbstverständlich; auf dem Kongreß in Luzern 1934 hält sie einen eigenen Vortrag.[147]

1930 hatte Anna Freud noch so viel Spielraum, daß sie zusammen mit Dorothy Burlingham eine Italien-Reise unternehmen kann. Der Spielraum, den ihr die «Familie» schuf, engt sich jedoch mehr und mehr ein. Der Aufwand zur Pflege des Vaters nimmt zu – dabei bringt es Sigmund Freud 1932 fertig, eine «Neue Folge von Vorlesungen zur Einführung in die Psychoanalyse» zu veröffentlichen, ein wichtiges, viel zu wenig beachtetes Werk. Dann flackern die Auseinandersetzungen um die Laienanalyse wieder auf; Wilhelm Reich «wird» aus der Psychoanalytischen Vereinigung «ausgetreten» – das sei Unrecht, meint Anna Freud.[148] Aus Berlin kommen Nachrichten, die «Machtergreifung» zwinge die Psychoanalytiker zur Emigration; die Hälfte der deutschen Psychoanalytiker emigriert in zwei Jahren. Sigmund Freuds Werke kommen auf den Scheiterhaufen der NS-Bücherverbrennung. Nun beginnen auch die Freunde in Österreich an Auswanderung zu denken. Helene Deutsch ist eine der ersten, die gehen; Anna Freud übernimmt auch noch den Vorsitz des Wiener Lehrinstituts. 1938 sind von 120 Psychoanalytikern nur noch vier in Wien.[149]

Tagungen, Kongresse, Vorträge gehen zunächst noch weiter wie bisher – trotz der Unruhe in Österreich und der Warnungen der Freunde vor der Expansion des NS-Staates. In dieser Zeit schreibt Anna Freud ihr Buch *Das Ich und die Abwehrmechanismen*; sie übersetzt mit ihrem Vater zusammen das Buch von Prinzessin Marie Bonaparte über Chows, die auch Freuds Lieblingshunde waren. Zusammen mit Dorothy Burlingham organisiert sie eine «Kinderkrippe» – einen Kindergarten für die ganz Kleinen; dabei kommt ihnen eine Stiftung von Edith Jackson zu Hilfe. Ungefähr zur gleichen Zeit wird ein «Haus der Psychoanalyse» in der Berg-

gasse 7 eröffnet. Das ist sicher viel auf einmal – ihr Vater meint, sie mache es sich zu schwer; er spricht ironisch von ihren «angeblichen Ferien»[150].

Wenn man das Leben von Anna Freud überblickt, fällt auf, daß sie ähnlichen Lagen stets mit ähnlichen Antworten begegnet: sie spürt eine Krise und antwortet darauf mit gesteigerter Tätigkeit – als wolle sie die Beunruhigung und den noch nicht geklärten Konflikt in den Griff zwingen. Das läßt die Familienbildung der zwanziger Jahre noch deutlicher als eine Form der tätigen Bindung verstehen, zeigt aber auch, wie das Erreichte wieder in einen Strudel geraten kann, wenn die Weltgeschichte «dagegen» wirkt. Die Fotos von Anna Freud aus dieser Zeit zeigen einen überarbeiteten, nur noch ernsten Menschen. Erst im Zug nach London kann sie wieder etwas lächeln.

An der ungeklärten Konfliktsituation ist Sigmund Freud nicht unbeteiligt. Man kann gut verstehen, daß er die Warnungen nicht ernst nehmen will; er steht am Ende seines Lebens und weiß, was es bedeutet, alles zu verändern und sich in einem fremden Land neu einzurichten – für wie

DAS ICH
UND
DIE ABWEHRMECHANISMEN

VON

ANNA FREUD

1936
INTERNATIONALER
PSYCHOANALYTISCHER VERLAG
WIEN

Begeisterung beim Einmarsch deutscher Truppen in Wien

lange denn überhaupt und auch noch mit diesem Aufwand. 1937 ist Lou Andreas-Salomé gestorben; das Sterben rückt näher, und außerdem arbeitet er an einem neuen Buch, dem «Moses».[151] Da stört jede Verände-

Mit dem Vater bei der Ankunft in Paris, 1938

rung. Erst als die Gefahr in seinem Haus steht, ist Freud ganz entschieden: das würde denen passen, wenn er und seine Familie sich umbrächten. Jetzt weiß er, daß er für Anna, die weiterleben wird, handeln muß; er wird jede Chance zur Ausreise wahrnehmen.[152] Die braune Gefahr steht im März in Freuds Wohnung; die deutsche Armee ist am 11. März 1938 einmarschiert und hat Österreich «heim ins Reich» geholt. Die Vertreter der neuen Macht in Wien wittern geheime Machenschaften und verbotene Geldgeschäfte bei Freud, wie ihr Programm es ihnen im Hinblick auf Juden eingetrichtert hat. Da sie auch jemand mitnehmen müssen, bietet sich Anna an Stelle ihres Vaters an. Das Ganze muß auf die beiden so wirken, als würden die grausamen Phantasien ihrer Patienten real ausagiert. Freuds Enkel ist unterwegs und sieht, wie seine Tante am 22. März auf einem offenen Wagen abtransportiert wird.[153] Anna Freud hat Veronal eingesteckt für den Fall einer Folterung; noch am Ende ihres Lebens machte das Entsetzen dieser Lage ihre Stimme schwankend, wenn sie einmal darüber sprach.

Inzwischen waren jedoch auch schon Freunde um Hilfe bemüht. Ernest Jones, die Prinzessin Bonaparte, der amerikanische Botschafter in Wien – auf Veranlassung des US-Botschafters William C. Bullitt in Paris – stellten den neuen Machthabern vor Augen, daß sie da etwas anrichteten, das ihrem Ansehen Schaden bringen könnte. Das half jedenfalls zunächst einmal Anna – sie wurde etwas höflicher behandelt, durfte während des Verhörs auf einem Stuhl sitzen, und schließlich wurde sie entlassen. Dann bot man Sigmund Freud einen Kompromiß an: er solle sich und seine Familie freikaufen und – wegen des Ansehens der «Partei» im Ausland – bestätigen, die Gestapo habe ihn gut behandelt. Da er nicht allein seine Entschlußkraft, sondern auch seine Ironie wiedergewonnen hatte, meinte er zu seiner Tochter, da hätte er auch gut die übliche Floskel hinzufügen können: ich kann die Gestapo jedermann aufs beste empfehlen.[154]

Pfingstsamstag 1938 reisen Vater und Tochter über Paris, wo die Prinzessin Bonaparte sie aufnimmt, nach London. Sie kommen am 6. Juni 1938 in der Stadt an, in der Anna ihr weiteres Leben verbringen wird. Am 27. September 1938 zieht sie in 20 Maresfield Gardens ein; das Haus und sein Garten gefallen ihrem Vater so gut, daß er sich versucht fühlt, «Heil Hitler» zu sagen, weil der ihm das beschert habe.[155] Hier schreibt Freud sein Buch über Moses und die monotheistische Religion zu Ende. Es ist sein letztes Buch und erscheint in deutscher Sprache in Amsterdam.

Die Britische Psychoanalytische Vereinigung stand unter dem Einfluß Melanie Kleins, und ihre Anhänger waren den Freudianern nicht gut gesonnen. Man darf also keineswegs glauben, die englischen Analytiker hätten gejubelt, daß der Gründer ihrer ganzen Lehre nun bei ihnen zu Hause war. Dennoch halfen sie tatkräftig, und Anna Freud hat ihnen stets dafür gedankt. Der Kampf der beiden Frauen, der immer auch ein Kampf um die wahre Auffassung vom Seelischen war, endete jedoch nicht angesichts der Tragödie, die sich in Europa abspielte. Anna Freud gab sich keine Zeit zur Erholung. Sie vertrat ihren Vater auf dem Kongreß in Paris (1938), hielt Vorträge in englischer Sprache und arbeitete als Lehranalytiker; für die normalen Behandlungsfälle erhielt sie zunächst keine Arbeitserlaubnis. Auch in der seltsamen Britischen Psychoanalytischen Vereinigung, die zugleich abweisend und hilfsbereit war, hielt sie Vorträge und Seminare.

Die neue Familie in England und die amerikanische Sendung

Sigmund Freud lebte noch über ein Jahr in London; seine Möbel, Bücher und Sammlungen waren aus Wien nachgekommen. Zwar mußte er sein neues Haus nach ein paar Tagen schon wieder verlassen, weil er wieder einmal operiert wurde; aber danach blieb ihm noch einige Zeit, in der er schreiben, lesen, mit Freunden reden und sich auch um einen neuen Verlag kümmern konnte. Die letzte Arbeit, mit der er sich beschäftigte, war der «Abriß der Psychoanalyse»; er blieb unvollendet. Das letzte Buch, das er las, war Balzacs «Chagrinleder» – eine phantastische Geschichte über ein Zaubermittel, dessen Wirkungsmöglichkeiten schrumpfen.[156]

Salvador Dalí besuchte ihn und zeichnete ein Bild von Freud, das mehr als eine Abbildung war – die Kunst Dalís hebt eine Gestalt in Drehungen und Wendungen heraus, vergleichbar dem Gewinde von «Schnecken» oder den Spiralen des Jupiter-Ammon. Während Freud selbst diese Produktion interessierte, fand Anna Freud sie unangemessen und *vergaß* sie.[157] Wahrscheinlich sah sie darin viel stärker eine Erinnerung an die letzten Lebenstage ihres Vaters, und das war nicht die Erinnerung, in der sie ihn vor Augen haben wollte. Wie ihr Vater neigte sie dazu, was nicht in die Bahn ihrer Überlegungen paßte, als *fremd* oder *unverständlich* oder *uninteressant* abzutun.[158] Das bezog sich nicht allein auf psychologische Hypothesen, sondern auch auf Lebensformen und das Verhältnis zu ihren Mitmenschen.

Den Beginn des Zweiten Weltkriegs erlebte Sigmund Freud noch; dem Schrecken hielt die Hoffnung, das werde Hitlers Ende bringen, die Waage. Als der Polenkrieg fast vorüber war, starb Sigmund Freud am 6. September 1939; er hatte seinen Arzt und seine Tochter gebeten, ihm das Sterben zu erleichtern. Anna war verzweifelt, als sie merkte, daß der Tod nicht mehr aufzuhalten war. Aber es wäre sicher falsch, die Sterbestunde wie ein Zerreißen aller Lebensfäden oder wie einen völligen Bruch der Lebensentwicklung Anna Freuds anzusehen. Sie war seit Jahren auf das Ende vorbereitet; das Weiterleben ihres Vaters, seine Heroisierung, stand außer Zweifel – wie das Weiterleben des toten Vaters in den Religionsbildungen, das Freud in «Totem und Tabu» beschrieb. Außerdem erlöst das Ende einer langen Leidenszeit, ob man sich das bewußt macht oder nicht, von einem immer unerträglicher werdenden Druck. Sigmund Freud wußte das, und er schockierte schon 1923, als er die Analysen nach der Krebsoperation wiederaufnahm, seine Fälle mit der Feststellung, auch bei ihnen seien «Todeswünsche» unvermeidlich wirksam geworden.[159]

Anna Freud setzte ihrem Vater sofort ein Denkmal, indem sie die Herausgabe seiner «Gesammelten Werke» betrieb; sie erschienen in England, das sich im Krieg mit Deutschland befand, in deutscher Sprache.[160] Das steckte jedoch nur den Rahmen für die weitere Entwicklung ab: Anna Freud wird ihr ganzes Leben lang ihrer Mitwelt in Erinnerung halten, wer Sigmund Freud war und was seine geniale Konzeption für das neue psychologische Weltbild unserer Zeit bedeutete.

Den Dank an England, das die Vertriebenen aus Wien aufgenommen und ihnen das Leben gerettet hatte – Freuds Schwestern wurden umgebracht[161] –, stattete Anna Freud ab, indem sie ihre ganze Kraft in den

Anna Freud als Säuglingspflegerin im Kriegskinderheim, 1942

«Morphologische Muster», die S. Dalí bei seinen Zeichnungen von S. Freud heraus-
hob (Zeichnungen des Verfassers)

Dienst der durch den Krieg betroffenen englischen Kinder stellte. Das war zugleich ihr persönlicher Kampf gegen Hitler; sie konnte etwas tun, während sie in Wien stillhalten mußte. Sie erlebte es auch hier als notwendig, durch Opfer etwas abzuleisten für das Entgegenkommen, das ihre Familie erfuhr; bis an ihr Lebensende sprach sie in Gegenwart von Engländern immer englisch, auch mit ihren Bekannten, mit denen sie sich sonst auf deutsch unterhielt.

Was sie für England tun konnte, brauchte sie nicht lange zu überlegen. Sie ging von dem Können aus, das ihrem seelischen Leben ein Gerüst gab: sie begann wieder eine neue Familie zu gründen. Als Kinder dieser Familie boten sich die Kleinen an, die der Krieg der Erwachsenen in Mitleidenschaft zog – die Opfer des Bombenkriegs gegen London. Der Tod, der Kriegsdienst, die seelische Zerrüttung der Eltern ließ eine Anzahl von Kindern in halbzerstörten Häusern und Luftschutzbunkern allein. Sie griff Anna Freud auf; sie organisierte, verhandelte, beschaffte Geld und

Häuser; sie warb unter den Emigranten Helfer, wie Dr. Ilse Hellman und die Schwestern Gertrud und Sophie Dann. Finanziert durch eine amerikanische Stiftung, erwuchsen aus dieser Arbeit für eine neue Familie die Hampstead War Nurseries.

Der Zweite Weltkrieg veranlaßte uns, in England in direkter Nachfolge unserer Wiener Jackson-Krippe die unter dem Namen Hampstead War Nurseries bekannt gewordenen, erheblich erweiterten Kriegskinderheime zu schaffen, die von 1939 bis 1945 mehr als 80 Kinder im Alter von wenigen Wochen bis über sechs Jahren beherbergten und die für alle Beteiligten eine beispiellose und nie versiegende Quelle von Beobachtungsmaterial ergaben. Die Schilderungen dieser Beobachtungen finden sich in den «Monatsberichten» an den «Foster Parents' Plan for War Children, Inc.», der dieses kostspielige Unternehmen finanzierte ... Sie geben dem Leser einen Einblick in den Versuch einer psychoanalytisch orientierten Erziehung junger Kinder, soweit eine solche sich unter den widrigen Umständen eines weltweiten Kriegs durchführen ließ. Als Dokumente des Kampfes mit praktischen Schwierigkeiten, Mängeln und Kriegsgefahren erheben die Monatsberichte selbst keinen Anspruch auf wissenschaftlichen Wert. Was sich trotzdem als wertvoll erwiesen hat, sind die von uns gezogenen Schlußfolgerungen bezüglich einer Anzahl von Themen, die für die normale und abnorme Kinderentwicklung eine zentrale Rolle spielen: die Wirkung einer Trennung des Kindes von der Mutter auf dem Höhepunkt der biologischen Mutter-Kind-Einheit; das Verhältnis zwischen den Entwicklungsfortschritten unter Familien- und Anstaltsbedingungen; die Reaktionen von Kleinkindern auf das Gemeinschaftsleben, wo die Beziehung zu Altersgenossen an die Stelle der normalen Bindungen an Eltern oder ihre Vertreter tritt; die ödipale Entwicklung bei Abwesenheit ödipaler Objekte, besonders des Vaters. [162]

Anna Freud untertreibt mit dieser Selbstdarstellung, sowohl im Hinblick auf ihren Einsatz für die Neu-Familie als auch im Hinblick auf ihre wissenschaftliche Leistung. Die *Berichte*, die Anna Freud und Dorothy Burlingham über alle Kriegsjahre hinweg schreiben, gehen mehr und mehr in eine zweibändige Darstellung der seelischen Entwicklung von Kindern über. Das ist Anna Freuds «Kinderpsychologie», die durch ihre klaren Beschreibungen wie durch ihre um Entwicklungsprobleme zentrierten Rekonstruktionen die offiziellen Lehrbücher der Entwicklungspsychologie weit hinter sich läßt. Sie gibt interessierten Laien eine Einführung zu einem Denken in Entwicklung: welche Probleme Kinder bewegen, wie sie sie verarbeiten, wie sie ganz anders mit der Welt umgehen als die Erwachsenen, was es mit ihren Aggressionen auf sich hat, welche Sorten Angst es gibt usw.

Die *Monats-Berichte* halten die Wirkungszusammenhänge eines Kriegszustands und der damit verbundenen Organisation von Gemeinschaften fest; sie zeigen, wie sich die kindlichen Entwicklungsprozesse in diesem Rahmen entfalten wollen, gestört und umgestaltet werden. Anna

Winston Churchill nach einem Bombenangriff auf London

Anna Freud mit Dorothy Burlingham (2. und 4. von links) und ihrem Bruder Ernst

Freud läßt das alles aus der Perspektive kindlicher Probleme und seiner Lösungsentwürfe sehen; ihre Entwicklungsbilder und die Beschreibung der Schicksale einzelner Kinder ziehen den Leser in ihren Bann. Die Folge der *Berichte* liest sich wie ein spannender Roman – Anna und ihr Vater lasen eifrig Kriminalromane [163]; hier ist so etwas wie ein «Entgegenkommen» zu beobachten.

Man gewinnt nicht nur ein anschauliches Bild von jedem der dargestellten Kinder, sondern nimmt Anteil an ihren Problemen und ihrer seelischen *«Konstruktion»*. Anna Freud wirbt dadurch für ihre Familie wie für ihre psychoanalytische Psychologie. Auch ihren «Stolz», etwa auf die Säuglingsabteilung, erlebt man unmittelbar mit. Die Charakterisierungen der Kinder sind psychologische «*Einsichten*» – als Anklageschrift gegen den Krieg und gegen den Faschismus; ein Mahnmal für Kinder, deren Vater fiel, deren Mutter verzweifelte, die nicht zurechtkamen mit der Welt der Großen. Die Berichte zeigen an vielen Einzelbeispielen, daß Entwicklung, Kultur und Zeitgeschichte eine untrennbare Einheit bilden.

Dieses Beispiel zeigt vor allem, daß das Kind nicht auf die bloße Tatsache der Trennung von der Mutter mit abnormem Benehmen reagiert, sondern in erster Linie auf die traumatische Art ihrer Durchführung. Billie kann sich von der Mutter lösen, wenn man ihm für diese Aufgabe drei oder vier Wochen Zeit gibt. Wenn er an einem Tag damit fertig werden soll, erlebt er einen Schock, auf den er mit Symptomen antwortet. Das bedeutet, daß auch Kindern, die wie Billie potentiell neurotisch sind, bei sorgfältigerer Handhabung viele unnötigen Schmerzen und Symptombildungen erspart bleiben könnten.[164]

... Kein Zweifel, Dells Verhältnis zur Erwachsenenwelt war völlig in Unordnung geraten. Am auffälligsten war ihre Unbeständigkeit: kaum hatte sie sich an einen Menschen angeschlossen, gab sie ihn zugunsten eines nächsten wieder auf. Während Billie nach der Trennung von der Mutter zwanghaft an deren Erinnerungsbild festgehalten hatte, zeigte Dell nach außen hin die entgegengesetzte Reaktion. Sie verlor die stabile Beziehung zu ihren Eltern, den ruhenden Pol ihres bisherigen Lebens, und war zu keiner dauerhaften Bindung mehr fähig. Statt dessen lebte sie in ständiger Suche und Erwartung, begleitet von dem Gefühl tiefer Unzufriedenheit. Bei erwachsenen Neurotikern haben wir dieses Symptom der Flucht von einem Objekt zum anderen als eine der Folgen einer gestörten frühen Mutterbeziehung verstehen gelernt.[165]

Diese Entwicklungspsychologie versucht, Verhaltensprobleme *in die Geschichte der* kindlichen *Irrfahrt zurückzuübersetzen*[166]. So führt Anna Freud ihr Konzept vom Seelischen weiter, das die Wandlungen von Grundgestalten und -problemen unter sich ändernden Bedingungen verfolgt. Ausgangspunkt ihrer psychoanalytischen Entwicklungspsychologie ist die Kinderbeobachtung; das muß betont werden, weil der Psychoanalyse so gerne nur das «Deuten» zugeschoben wird. Für Anna Freuds Psychologie trifft das keineswegs zu. Ihrer Neigung, Vermittlungen zuzulassen, entspricht auch in den Kriegs-Berichten eine Entwicklungs-Methode, die von Beschreibungen Schritt-um-Schritt zu Grundstrukturen und Entwicklungs-Bildern vordringt.

Einen Teil der *Monats-Berichte* veröffentlichten Anna Freud und Dorothy Burlingham, die nun auch in London zusammen lebten und arbeiteten, in zwei Büchern: *Kriegskinder* und *Anstaltskinder* (1942; 1943). Von den Erkenntnissen, die sie brachten, ist heute für jeden Psychologen selbstverständlich geworden, daß die Einheit Eltern-Kind durch Aufnahme in Institutionen (Krankenhäuser, Heime) nicht gedankenlos zerrissen werden darf; genauso bedeutsam ist die Einsicht, daß nicht eine

Dorothy Burlingham

und

Anna Freud

ANSTALTSKINDER

**ARGUMENTE FÜR UND GEGEN DIE ANSTALTS-
ERZIEHUNG VON KLEINKINDERN**

IMAGO PUBLISHING CO. LTD.

LONDON

Trennung überhaupt, sondern ein plötzlicher Trennungsschock Probleme schafft. Das war damals neu und bedeutete eine Wende im Umgang mit Kindern – genauso wie die Untersuchungen von René Spitz über Hospitalismus.[167]

Auch ihren Mitarbeitern suchte Anna Freud die neuen Erfahrungen und damit neue Umgangsformen mit Kindern zu vermitteln. Wenn sie den Eindruck hatte, jemand gebe ein brauchbares Familienmitglied bei der «Wiedereröffnung» des Familienunternehmens ab, dann warb sie es mit einiger Zähigkeit an. In regelmäßigen Mitarbeiterbesprechungen brachte sie ihm dann bei, was man bisher falsch gehandhabt hätte und wie das anders zu machen sei; beispielsweise sollten die Babies gefüttert werden, ohne ihre Bewegungsfreiheit einzuschränken, selbst beim Spinatessen.[168]

Anna Freud beobachtete ständig, was sich abspielte; hatte jemand einen «Fehler» gemacht, sagte sie es ihm nicht direkt – sie vermittelte es bei passender Gelegenheit im Rahmen allgemeiner Erwägungen oder durch die Blume, und jeder wußte, was gemeint war. Unterweisungen gab es auch durch Beispiel: Anna Freud badete Babies, wickelte sie, fütterte sie und spielte mit ihnen. Nachdem der Betrieb in den Hampstead Nurseries einigermaßen lief, hielt Anna Freud Vorlesungen für ihre Mitarbeiter. Nachts mußte sie sich bisweilen, mit Helm und Feuerpatsche, damit betätigen, Brandbomben zu löschen.[169]

1944 begannen die V1-Angriffe auf London, und es gab manchmal tagelang keine Entwarnung; Dorothy Burlingham erkrankte schwer, sie mußte ein Jahr gepflegt werden. Während draußen die Bomben explodierten, lag sie im ersten Stock von 20 Maresfield Gardens zu Bett. Ende 1945 erkrankte Anna Freud an einer schweren Virus-Pneumonie; es dauerte zehn Monate, bis sie sich erholt hatte.[170] Aber kaum ging es etwas besser, begann sie *Infants Without Families*[171] ins Deutsche zu übersetzen. Dorothy Burlingham und Anna Freud litten beide in der Nachkriegszeit unter Lungenbeschwerden. Das war auch ein Grund, weshalb sie für ihre Erholungszeit ein Haus an der See suchten; sie fanden es in Walberswick (Suffolk) an der Ostküste Englands.

Wie beweglich die Übergänge in der Großfamilie waren, zeigt die Tätigkeit der Schwestern Dann: sie leiteten die Baby- und die Krabbelkinder-Abteilung in den Nurseries; dann übernahm Sophie Dann die Krankenabteilung, später die Pflege von Dorothy Burlingham und die von Anna Freud. Danach wurden beide auf die nächsten Projekte «umgeschult» – wobei die Beziehungen zu Anna Freud immer in einem Verhältnis «respektvoller Distanz» blieben.[172]

Inzwischen war der Krieg beendet; England nahm 1000 Waisen auf, die aus Konzentrationslagern gerettet waren. Die Schwestern Dann versorgten sechs von ihnen und schrieben einen Bericht, wie sie es in den Hampstead Nurseries gelernt hatten. Anna Freud «übersetzte» die Beobachtungen «ins Psychoanalytische».[173] Sie stellt heraus, wie die Kinder in Gruppenbildungen ihre besondere Art von Fürsorge fanden – ihre Art von Familienbildung: sie sind beunruhigt, wenn die Gruppe nicht «ganz» ist; aber sie kennen keine Eifersucht, weil sie keinen Großen «teilen» müssen, der nur sie lieben soll.[174] Die Kindergruppe entwickelt so eigene Methoden, ihre schwierige Lage zu organisieren – ein Beweis, wie beweglich die seelische Konstruktion ist. Selbst die leibliche Mutter ist ersetzbar – entscheidend ist das «Bemuttern», für das ein Kleinkind jemanden braucht.

Die Beschäftigung mit den Problemen der «Psychoanalytischen Bewegung» wurde durch die Kriegslage eingeschränkt. Es war schon erstaunlich, daß überhaupt einige Bände der «Gesammelten Werke» von Sigmund Freud gedruckt werden konnten; mit einigen der Herausgeber baute Anna Freud feste Stützen in ihr Familiensystem ein, dazu zählten Ernst Kris – er ging jedoch bald nach Amerika – und Willie Hoffer. 1943 flammten die Auseinandersetzungen mit den Anhängern von Melanie Klein in der Britischen Gesellschaft wieder auf. Diesmal suchte Edward Glover, der Generalsekretär der Internationalen Vereinigung, einen Bundesgenossen in Anna Freud.[175]

Zwar trieb einiges auch für Anna Freud auf eine Spaltung zu, aber es kam nicht zu einer Trennung in Kleinianer und Freudianer. John Bowlby berichtet, daß die Freudianer gemeinsam überlegten, ob eine klare Entscheidung «Für oder Gegen» nicht das beste sei.[176] Anna Freud konnte jedoch nicht sicher sein, daß die psychoanalytischen Vereinigungen auf ihre Seite traten – die Sicherheit hatte nicht einmal ihr Vater gehabt, und im Krieg war seine Tochter noch weit davon entfernt, als seine Erbin zu gelten. Dann widersprach es auch ihrer Auffassung von Vermittlung, die Psychoanalytiker einfach vor die Wahl zu stellen; sie bevorzugte das alte Muster, «ihre» Familie auszubauen und die Weltfamilie der Analytiker als «weiteres Feld» um sich zu halten. Nicht zuletzt dürfte die Emigrantin davor zurückgeschreckt sein, einen inneren Krieg zu fördern, während der Krieg gegen den Todfeind jeder Psychoanalyse noch nicht ausgekämpft war.

Aber wer so vermittelt und Opfer bringt, der hat auch seinen Anspruch auf etwas Eigenes: 1947 setzte Anna Freud ein Ausbildungsinstitut für «ihre» Psychologie und das heißt für die Tradition der klassischen Psychoanalyse durch. Sie zog damit einen klaren Trennungsstrich zwischen dem, was im Sinne von Sigmund Freud unter Psychoanalyse verstanden werden sollte, und den Abwandlungen seiner Lehre, die gerade noch die einfachsten Grundsätze der Freudschen Psychologie anerkannten. Der engere und der weitere Kreis verhalten sich zueinander wie die engere Familie und entferntere Verwandte, aber immerhin sind es Verwandte.

Die Gründung eines eigenen Ausbildungsinstituts ohne Spaltung der Psychoanalytischen Vereinigungen erwies sich in der Folgezeit als kluger Schachzug von Anna Freud. Denn mit den Jahren entwickelte sich die Tochter des Begründers der Psychoanalyse für die Psychoanalytiker und für die Öffentlichkeit zum anerkannten Repräsentanten der ganzen Richtung. Bei einem radikalen Bruch hätte sich das nicht erreichen lassen; nur so konnte sie für alle, die sich Sigmund Freud verbunden fühlten, zum echten Nachfolger und zum Sachwalter seiner Ansichten werden. Die Familie, die Anna Freud in England wieder neu aufbaute, verehrte in Sigmund Freud ihren unsterblichen Familienheros – jeder, der ihn ehrte, fand einen irdischen Anhalt in dieser Familie. Im Nachlaß von Sigmund Freud besaß Anna zugleich einen materialen Hort, der leichtfertige Behauptungen überprüfbar machte. Mit der Zeit kam es dazu, daß jeder, der etwas über Sigmund Freud schrieb, das Gefühl hatte, Anna Freud schaue ihm über die Schulter.[177]

Die Gründung «ihres» Ausbildungsinstituts, bei der Kate Friedländer ihr zur Seite stand, erhielt nach außen eine eigene Berechtigung, weil es Lehrgänge für Kinderanalytiker veranstalten sollte; pro Jahr wurden seit 1947 vier bis acht Kandidaten ausgebildet.[178] Die Hampstead Courses sind bis heute einzigartig. Sie bilden ein Modell für die ganztägige Ausbildung von Psychoanalytikern, gleichsam eine Hochschule für Analytiker – und zwar eine private Hochschule; denn die Kurse und die damit verbun-

Die Krönung Elizabeths II., 1953

dene Klinik werden durch Spenden finanziert. Anna Freud hat die Liste der Personen und Organisationen, die sie unterstützt haben, an der Spitze ihrer *Schriften* veröffentlicht. Die Arbeiten des Hampstead-Instituts, und das sind vor allem auch die Untersuchungen Anna Freuds, werden in einem Jahrbuch veröffentlicht, das 1945 gegründet wurde: *The Psycho-analytic Study of the Child*. Daß sie auf «Förderungen» angewiesen war, war eine ambivalente Angelegenheit für Anna Freud.[179]

Mit ihrem Institut und ihrer Zeitschrift hat sich Anna Freud eine Plattform geschaffen, von der aus sie nach dem Krieg fortsetzen kann, was in

Ehrendoktor der Clark University, 1950

Wien begonnen wurde: die Vermittlung der Ideen ihres Vaters und die Erforschung der Entwicklung des Seelischen. Gestützt auf ihre neu organisierte Familie tritt sie von dieser Plattform aus wieder in Verbindung zu den Anhängern der Psychoanalyse in der ganzen Welt; sie läßt sich damit auf die Auseinandersetzungen um ein angemessenes Verständnis der psychoanalytischen Psychologie ein. Nicht zuletzt: sie entwirft ihr Leben noch einmal neu; sie versteht es als ihr Schicksal, daß sie eine «Sendung» übernommen hat.

Anna Freud wird 50 Jahre alt, als der Krieg zu Ende geht; da ziehen manche schon in Pension. Das ist nichts für sie; für sie fängt das Leben noch einmal an. Wie aus der Zeit des Ersten Weltkriegs die Chance für Anna Freud erwuchs, ihrer eigenen seelischen Organisation eine andere Wendung zu geben, so stellt die Zeit des Zweiten Weltkriegs den Übergang zu einer weltweiten Ausgestaltung ihres Wirkungskreises dar. Die

Chance, die sie ergriff, indem sie sich 1918 der Analyse zuwandte, schuf eine neue Vermittlungsform für «das Kind in ihr»; die Kriegszeit nach dem Tode ihres Vaters gab ihr die Gewißheit, daß sie, auf sich selbst gestellt, den «Vater in ihr» vertreten konnte. Ihre Familie war seine Familie, auch wenn er nicht mehr leiblich anwesend war; diese Familie hatte zwei Jahre nach Kriegsende bereits ihren wissenschaftlichen Status wiedergewonnen: in Veröffentlichungen, in einem Institut, in einer Zeitschrift – im Bewußtsein einer Sendung: die Psychoanalyse Sigmund Freuds weiterzuführen.

Mit ziemlichem Schwung geht Anna Freud nun wieder aus dem Londoner Kreis heraus – zu Kongressen, Begegnungen, Ehrungen, Erholungsreisen; als sei jetzt das Schlimmste an Belastungen ausgestanden und das Recht erworben, sich mit größerer Freiheit und weniger Ernst in der Welt zu bewegen. Nicht von heute auf morgen, aber doch von Jahr zu Jahr mehr wird «Miss Freud» ein Souverän, der sich seinen eigenen Stil erlauben kann. Am Ende ihres Lebens ist Anna Freud «der» von der Öffentlichkeit und von ihren Kollegen hochgeschätzte Psychoanalytiker[180], und ihr Selbstgefühl schätzt sie nicht viel anders ein.

Anna Freud hört nicht auf zu arbeiten – aber sie findet auch den Spaß wieder, den sie als Kind gerne machte. Man kommt ihr mit Ehrungen entgegen; sie nimmt sie stolz entgegen, und sie leugnet ihre Freude nicht. Sie ist tolerant, freundlich, geduldig, großzügig – aber sie läßt ihre Eigenheiten dadurch nicht unterdrücken. Nur Ernst, nur Askese, nur Opfer, das geht nicht auf die Dauer; ihr Leben hat auch seine Rechte und *Psychologen. haben auch Gefühle*[181] – sie auch. Um eine solche Persönlichkeit ranken sich Legenden und Idealisierungen; darauf richtet sie sich ein, sie trägt das ihre zu Geheimnis- und Idealbildung bei, und sie kann sich das auch zugestehen, weil sie wirklich meist «das letzte Wort» zu sagen hat.

Das Gefüge ihres Seelenlebens war zwischen den beiden Weltkriegen gekennzeichnet durch feste Grenzziehungen zwischen Pflicht und Rückzugsoasen. Opfer der Pflicht und Erlaubnisse wurden auf eine fast abstrakte Art in eine Gleichung gebracht. Unter den Belastungen der dreißiger Jahre engte sich der freie Spielraum immer mehr ein; das Leben von Anna Freud wurde «asketisch». Jetzt, mit fünfzig, beginnen sich die Gitter und Zäune wieder zu bewegen; mehr und mehr gerät wieder in Umsatz, was absichern und was sich ausbreiten will, was mit Aufwand und Opfer verbunden ist und was Genuß mit sich bringt. An den Fotos läßt sich ablesen, wie allmählich das Ernste und Versunkene des Ausdrucks Platz macht für Selbstsicherheit, Humor, Abgeklärtheit. Später ähnelt ihr Ausdruck noch deutlicher als bisher dem des Vaters.

Anna Freud wird die große Dame der Psychoanalyse – fast schon eine Stammutter: aber sie leugnet weder in den Lebensinhalten ihrer Wissenschaft noch in ihren Lebensformen, daß alles Komplizierte und Hochentwickelte vom Kindlich-Elementaren herkommt. Sie stilisiert das Kindhaft-Originelle in ihrem Beobachten und Handeln; so befragt sie alles von der fruchtbaren Perspektive des Kindes aus, das sie selber sein kann: wie sieht das ohne Übertünchungen aus, was heißt das, wenn man es ganz einfach sagt; *ich sehe etwas* und *wir werden sehen* sind Lieblingsformeln von Anna Freud.[182] Von da aus verstand sie so gut Kinder als Kinder; der Titel des Buchs von Uwe Henrik Peters über Anna Freud erhält hier einen schönen Doppelsinn: «Ein Leben für das Kind» – das ist zugleich ein Leben für die beste Realisierungsform des Kindes Anna Freud. Es paßt zu dem Doppelbild von «Vater und Kind» in der erneuerten Familie, wenn sie andere mit Charme und «Egoismus» an ihre Psychoanalyse zu binden sucht; hier ist sie großzügig und fordernd zugleich.

An ihren Reisen und Vorträgen wird der Schwung sichtbar, mit dem Anna Freud ihr neues Leben beginnt. Sie reist nach Amsterdam und nach Zürich zu psychoanalytischen Kongressen (1947; 1949; 1951); sie spricht

Paula Fichtl als «Museumswächter» von Sigmund Freuds
Arbeitszimmer in London, 20 Maresfield Gardens

Der Bibliotheksraum der Hampstead Clinic

über Triebumwandlungen, Homosexualität, Aggression und kommentiert einen Film von Willie Hoffer.[183] Dann kommt 1950 die erste Einladung nach Amerika: die Clark University verleiht Anna Freud den Titel eines Doktor h. c. Es ist die gleiche Universität, die 40 Jahre vorher Sigmund Freud ehrte und für die er seine Vorträge über Psychoanalyse verfaßte.[184] Nun ehrt sie Vater und Tochter zugleich – die Clark University stellt schon ziemlich früh heraus, wer die Psychoanalyse im Sinne von Sigmund Freud fortsetzt – wer sein Vertreter und Nachfolger ist. Anna

Freud begreift ihre amerikanische Sendung, und Amerika stärkt ihr Sendungsbewußtsein.

Damit beginnt das Interesse Amerikas an Anna Freud; ausgerechnet diese Nicht-Europäer, diese nützlichen Geldgeber für die alte Kultur, wie Sigmund Freud meinte [185], stützen mit der Ehrung von Freuds Tochter die klassische Psychoanalyse ab. Das zieht Kreise; denn Amerika hat Mitteleuropa abgelöst, was die Wirkung, den Glauben, die Veröffentlichungen, die Finanzierungsmöglichkeiten und den Mitgliederstamm der Psychoanalyse angeht.

1909 betonte Freud in seinen Vorlesungen an der Clark University, daß seine Theorie versuche, den Zusammenhang aller seelischen Prozesse auf einen Nenner zu bringen – es ging ihm um einen Grundriß der psychischen Erscheinungen, der vom Alltäglichen bis zur Neurose, vom Traum bis zu den bewußten Leistungen alle Bildungen und Umbildungen ableitbar macht. [186] 1950 greift Anna Freud an der Clark University ihr zentrales Thema «Entwicklung» auf, und auch sie stellt das in Beziehung zur Psychologie: was bringt die Psychoanalyse an neuen Gesichtspunkten für eine Entwicklungspsychologie und in welches Verhältnis gerät sie da-

*Anna Freud und
die Prinzessin
Marie Bonaparte (vorn)*

Anna Freud bei der Enthüllung der Sigmund Freud-Gedenktafel in London

durch zur akademischen Psychologie?[187] Zunächst wollte Anna Freud noch vor den Augen der sich an naturwissenschaftliche Exaktheitsvorstellungen anlehnenden Psychologie in Amerika bestehen; sie suchte nach Gemeinsamkeiten, wie das auch Rapaport versuchte.[188] Aber bald er-

kannte sie, daß es zwei verschiedene Auffassungen von Psychologie gibt –
eine sich an andere Wissenschaften anlehnende und eine eigenständige
Psychologie –, und von da her gesehen wird es falsch, sich an den unpsy-
chologischen Forderungen der anderen Seite zu orientieren. In achtzehn
Tagen absolviert Anna Freud ein volles Programm von Vorträgen und
Treffen mit alten Freunden aus Wien (G. Bibring, H. Deutsch, E. Erikson, H. Hartmann u. a.). Es ängstigt sie ein wenig, aber es macht sie auch
stolz.[189]

Ein Spiegel der Reisen, der Sorgen, der mühevollen Vorbereitungen
von Vorträgen sind die Briefe von Anna Freud an Paula Fichtl, die als
Hausmädchen 1938 mit den Freuds nach London kam und nun immer
Haus und Hund hütete.[190] Viele Briefe stammen aus Walberswick, wohin
Anna Freud mit Dorothy Burlingham chauffierte – es liegt drei Autostun-
den von London entfernt; hier wurden die Vorträge und Reisen vorbereitet. Andere Briefe berichten von Anreise und Erfolg auf den Kongressen.
Neben den Kongreßorten stehen im Absender Lausanne und Athen
(1948): ... jetzt seh ich erst, was die Prinzessin alles gewöhnt ist. Wie ein
Leitmotiv kommt: schön und anstrengend zugleich; oder die Selbstermah-
nung in Trostworten an Paula: ... wir wollen doch zusammen alt werden
und uns nicht vorher tot arbeiten (1946).

So geht das weiter – mal ich lerne und lerne den ganzen Tag an meinen
Vorträgen, mein Kopf ist schon ganz wüst (1957); mal es geht uns viel zu
gut, ein richtiges Schlaraffenleben (Reise mit der «Île de France» nach
New York 1956). Als Paula in Urlaub fährt, schreibt Anna Freud aus
London: ... zuviele Patienten, die Woche ist sehr ermüdend (1958). Reisen
mit Flugzeug, Schiff, Boot, Auto; zu Kongressen, zur Prinzessin Bonaparte, nach Holland – aber zunächst nicht nach Wien und schon gar nicht
nach Deutschland. Deutschland wird Anna Freud nie mehr betreten.

Wenn Anna Freud in London ist, geht die Arbeit an ihrem Ausbildungsinstitut ihren Gang – Vorträge, Seminare, Lehranalysen, Fallkon-
trollen sowie die Organisation des Lehrbetriebs. Einige Mitglieder der
Britischen Psychoanalytischen Vereinigung, die der B-Gruppe (Anna-
Freud-Gruppe) angehören, helfen ihr, das Konzept der Hampstead-
Kurse zu verwirklichen. Am traditionsreichen Mittwoch werden Lehrer,
Studierende und Freunde zu Vorträgen und Diskussionen geladen; diens-
tags werden Fälle dargestellt und eingeschätzt. 1952 beginnt der Ausbau
einer Klinik mit «Kindergarten», Krabbelkinder-Gruppe und ambulanter
Mütterberatungsstelle.[191]

Das Haus in Hampstead wird zu einer Erinnerungsstätte an Sigmund
Freud – sein Arbeitszimmer, mit Sammlung, Bibliothek und Manu-
skripten, bleibt so erhalten, wie es bei Freuds Tod war; Paula Fichtl fun-
giert als Museumswächter. Anna Freud beginnt den Nachlaß ihres Vaters
zu ordnen; sie hilft Ernest Jones bei Planung und Ausgestaltung der drei-
bändigen Freud-Biographie[192], Kurt R. Eissler beim Aufbau eines Ar-
chivs der Psychoanalyse.[193] Mit Dorothy Burlingham geht Anna Freud

11. Mai 1956.

Liebe Bertha,

Sehr herzlichen Dank für Sie und Eva für das Kabel zum 6. Mai. Wir haben es wirklich ganz besonders und unerwartet schön gehabt mit unzähligen Beweisen von Anerkennung von allen Seiten. Ich hatte erst etwas Angst vor dem Trubel, dann aber hat das Gute daran die Unruhe weit überwogen.

Es ist schön, daß Ernst jetzt so drangehört. Ich freue mich auf das Baby, das im Juli kommen soll. Sehr herzlich

Ihre
Anna.

Ein Brief Anna Freuds an Bertha Halberstadt.
Eine graphologische Analyse findet sich auf S. 137

daran, einen «Index» der Psychoanalyse aufzubauen, der Zusammenhänge, Verhältnisse, Bedingungen, Wandlungsprozesse des Seelischen
kartieren sollte, die bei den von Analytikern untersuchten Fällen zu beobachten waren.[194] Anna Freud selbst führte bis 1982 Analysen durch.
Paula Fichtl führte den Haushalt, hütete die Tür und kommentierte die
Psychoanalyse auf ihre Weise.

Nach 1950 reist Anna Freud ein dutzendmal nach Amerika; sie trifft
dort ihre Bekannten, die wiederum für weitere Einladungen sorgen.[195]
Die europäischen Städte besucht sie in der Reihenfolge der Kongresse –
Amsterdam, Edinburgh, Kopenhagen, Paris, Stockholm, Zürich. Überall hat man Ehrungen für Anna Freud bereit; sie fängt an, ihre Dr.-Titel
zu numerieren; aus Mitgliedschaften werden Ehrenmitgliedschaften. Als
sie sechzig wird, schränkt sie ihre festen Pflichten etwas ein: sie gibt ihre
Seminare in der Britischen Psychoanalytischen Vereinigung auf und lehnt
es ab, Präsident der Internationalen Psychoanalytischen Vereinigung zu
werden.[196] Dafür setzt sie sich 1956 aber mit ganzer Kraft für die Hun-
dertjahrfeier des Geburtstags von Sigmund Freud ein – ihre Party kann
sich mit den Parties messen, die die Prinzessin Bonaparte gibt, meint
Anna Freud.[197] An ihrem Haus wird eine Gedenktafel für den Begründer
der Psychoanalyse angebracht.

Die Vorträge, die Anna Freud hält, beschäftigen sich vor allem mit der
Argumentation für die Psychoanalyse als Wissenschaft und mit den Konsequenzen, die das Entwicklungsverständnis dieser Psychologie mit sich
bringt. Dabei geht sie gerne auf Themen ein, die gerade in der Diskussion
sind: *Aggression, ablehnende Mutter, Trennungsangst, Erziehung ohne
Vorbilder, Rechtsprechung in Scheidungsfällen.* Sie nutzt die Gelegenheit,
die Filme bieten, ihre Auffassung anschaulich darzulegen.[198] In den Vorträgen wendet sie sich gegen Bestimmungen für seelische Prozesse, die
nichts mit Erleben, Entwicklung, Bearbeitung, Verwandlung zu tun haben – «angeborene Reaktionen», «Physiologie» bieten keine psychologischen Erklärungen; das wendet sich sowohl gegen ihren *Erzfeind* Ey-
senck[199] als auch gegen Bestrebungen in den Reihen der Psychoanalytiker.

Zur Argumentation für die Psychoanalyse gehört auch, daß Anna
Freud sich zunehmend Gedanken über die Chancen und Grenzen ihrer psychologischen – und weltanschaulichen – Auffassung macht:
mit welchen (falschen) Erwartungen muß die Psychoanalyse rechnen?
Wie viel oder wenig läßt sich vermitteln? (wenig). Warum gibt es keine
perfekte Psychoanalytische Pädagogik? Warum kein perfektes Ausbildungsinstitut für Analytiker?[200] Immer zeigt sich Anna Freud als
Gegner engstirnigen Spezialistentums – es geht ihr stets um ein Gesamt-
konzept vom Seelischen, das sich auf den verschiedenen Problemfeldern
bewährt, weil es Einzelheiten aus einem «organischen Ganzen» ablei-
ten kann.

In 60 Jahren psychoanalytischer Arbeit und Lehrtätigkeit – seit 1922 –

hat Anna Freud zahlreiche Vortragsthemen bearbeitet und zumindest einmal vorgetragen. 88 ihrer Vorträge wurden in der zehnbändigen Ausgabe der *Schriften* veröffentlicht. Im Umkreis dieser Vorträge sowie als Vorworte, Nachrufe, Anmerkungen sind weitere 91 Artikel entstanden; 32 davon wurden in die *Gesammelten Schriften* aufgenommen.[201]

Das Märchen vom Jüngsten, der König wird

Zu ihrem 70. Geburtstag macht sich Anna Freud selbst ein Geschenk: das Buch über *Wege und Irrwege in der Kinderentwicklung*; es erscheint in englischer Sprache 1965, in deutscher Sprache 1968. Wie bei den frühen Büchern hat Anna Freud das Thema in ihren Vorträgen zubereitet und durchformt; jetzt versucht sie sich an einer Synthese, die eine neue Systematik für die psychoanalytischen Erkenntnisse mit sich bringt.

Die Tradition der «Kinderpsychologie» sah im Kind ein unfertiges Subjekt, dessen Leben mit Empfindungen und Impulsen beginnt und allmählich zu einem zusammenhängenden Gebilde wird. Von einem solchen Hintergrund hebt sich die Auffassung Anna Freuds deutlich ab: für sie beginnt seelisches Leben mit kompletten Wirkungskreisen – das Ganze ist schon irgendwie wirksam, geht jedoch erst in *Metamorphosen* aus einem *elementaren* Urzustand in *Kultivierungsformen* über. Was die Analyse darüber erfährt, hängt mit ihrer Methode zusammen – sie klärt seelische Phänomene durch *Zurückführung auf früher vorgefallene psychische Vorgänge*, indem sie sich ein *Bild* macht von den Phasen der infantilen Sexualität und den ersten Zusammenstößen zwischen Ich und Trieb.[202] Die Psychoanalyse bietet *Einsichten* in dieses Getriebe an und *nicht* ein *geschlossenes System* von Vorschriften, wie es Eltern, Lehrer, Erzieher erwarten. Dabei muß die Analyse besonders noch darauf hinweisen, daß die Suche nach einer *eindeutigen Wurzel der Neurose* genauso unrealistisch ist wie die Hoffnung auf eine *Neurosenprophylaxe* durch Erziehung.

Wie ihr Vater betont Anna Freud, daß Neurosen der Preis für unsere Kulturentwicklung sind – Konfliktfreiheit und Einheitlichkeit der Person sind *unerfüllbare Ideale*[203]. Erziehung und Kinderanalyse können allenfalls dem Kind zu erträglichen *Konfliktlösungen* verhelfen. Das bedeutet auch, daß die Kinderanalyse Konflikte und Gegensätze überhaupt erst einmal herausführen und sichtbar machen muß. Anna Freud ist besonders an dem *Hin und Her* interessiert, das die Entwicklung in Bewegung hält; nur von dem *Erleben* dieser Dynamik aus kann es zu *Umwandlungen* kommen.

Um die Bewegungen und Gegenbewegungen zu erforschen, werden Beobachtung, Fragen-Stellen und Rekonstruktionen eingesetzt; die Analyse dringt von der Beobachtung der *manifesten Resultate* zu den *Inhalten*

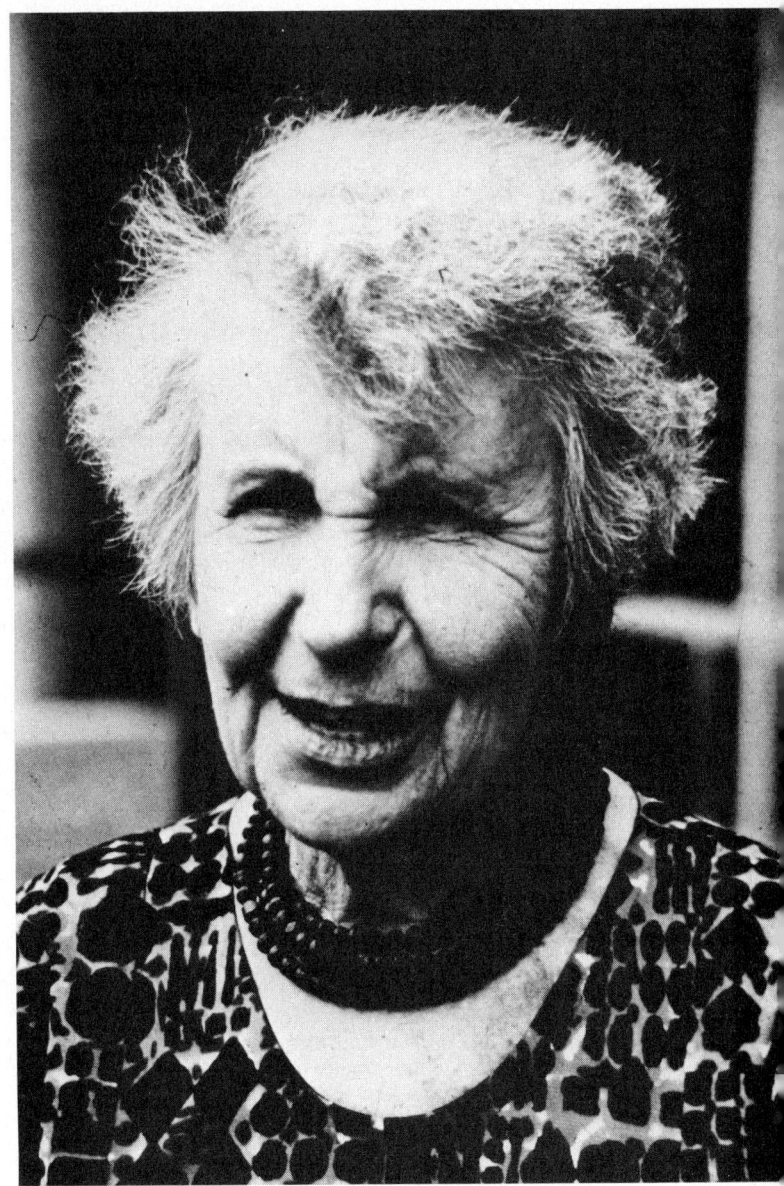

1966

des Es und zu den unbewußten Ichmethoden vor. Beispielsweise, indem der Psychologe sich fragt: wenn das Kind so «brav» ist, wo sind Aggression und Gier untergebracht? Hier tritt das (komplette) Ganze als Anhalt und Maß für das genauere Zergliedern einer «Eigenschaft» auf. Durch *Übersetzen* von Reaktionsbildungen oder Projektionen in die dadurch beseitigten Tendenzen kommt man an die bearbeiteten *Inhalte* heran – hinter der Angst um die Eltern können Todeswünsche wirken.[204]

Die Analyse kann im allgemeinen damit rechnen, daß es so etwas wie *Heilungstendenzen* gibt – genauer, Kräfte im psychischen Organismus, die auf Herstellung eines psychischen Gleichgewichts gerichtet sind. Wieder bezieht sich Anna Freud auf ein Ganzes als Maß, das mit Entwicklung, mit Stabilität von Befriedigung, mit Synthese und Wirken in der Welt zu tun hat. Seiner *Freilegung* sind die analytischen Erfolge zu verdanken. Beim Kind ist diese Ganzheitstendenz aber noch nicht durchorganisiert: seine seelischen Gefüge sind *in flux*, veränderlich und frei für *neue Ausdrucksmöglichkeiten*. Dennoch kann sich auch die Kinderanalyse auf methodische Regeln stützen. *Eine Technik der Kinderanalyse, die diesen Vorschriften folgt, steht in keiner Weise hinter der orthodoxen Erwachsenenanalyse zurück und kann sicher sein, daß ihre Erfolge in denselben Grundprinzipien verankert sind; daß die Ichwiderstände vor den Es-Inhalten zur Deutung kommen und die Aufmerksamkeit des Therapeuten sich je nach dem Auftauchen des Materials von einer psychischen Instanz zur anderen wendet; daß die Richtung der Analyse von der psychischen Oberfläche zur Tiefe geht; daß der Analytiker sich dem Patienten als Objekt zur Verfügung stellt und daß an seiner Person unbewußte Phantasien und Einstellungen in der Übertragung wiederbelebt, gedeutet und verstanden werden können; daß Triebregungen, die aus dem Unbewußten auftauchen, so weit als möglich im Zustand der Versagung analysiert werden, anstatt vom Patienten agiert zu werden und zur Befriedigung zu kommen; daß der Analytiker nicht an kathartische Erfolge glaubt, sondern an die therapeutische Wirkung des Fortschritts vom Primärvorgang zum Sekundärvorgang. In anderen Worten: daß sein therapeutisches Streben ausschließlich darauf gerichtet ist, Es in Ich zu verwandeln.*[205]

Wichtige Anhaltspunkte findet die Kinderanalyse in der Entwicklung selbst – sie ist so etwas wie ein lebendiges System. Indem wir die *Linien* der Entwicklung verfolgen, gewinnen wir Einsicht in Aufgaben, Notwendigkeiten, Lösungsformen und Störungspunkte der Ausgestaltung und Umwandlung des widerspruchsvollen Ganzen, das etwas werden und zum Ausdruck bringen will. Von da aus können wir auch den verschiedenen *Stellenwert* erkennen, den Menschen, Dinge und Vorgänge je nach Stand der Entwicklung haben. Die Eltern sind nicht immer etwas Gleiches für das Kind: sie haben jeweils verschiedene Funktion; ihr *Stellenwert* ist anders im Zustand früher Symbiose, beim Aufkommen der Orientierung für Befriedigungsmöglichkeiten, bei der Umwandlung von narzißtischer Libido in Objektlibido, beim Suchen

Ein Fest im Kindergarten. Anna Freud im Hintergrund

nach Hilfe für Triebeinschränkung oder nach Vorbildern für die Über-Ich-Bildung.[206]

Mit *Entwicklungen* war Anna Freud von Anfang an beschäftigt; sie führte die Gedanken ihres Vaters über die Drehungen und Wendungen des seelischen Totals weiter, die seelische Geschichte machen – in der Kultur wie beim einzelnen. Nun sucht sie nach einer eigenen Fassung dieser Gedanken: sie fragt nach dem *System* von Entwicklung, das die *Metamorphosen* des Lebens bedingt und in sich bewegt. Mit dem Ziel einer *Rekonstruktion der Gesamtheit der Entwicklung* arbeitet Anna Freud an einem *Entwicklungsprofil*: es *soll daran erinnern, daß jede Einzelbeobachtung in den Zusammenhang der ganzen Person gehört.* Daher ist auch die Psychopathologie der Heranwachsenden immer nur *nach dem Maß ihrer Interferenz mit dem Entwicklungsvorgang zu bewerten*, nicht auf Grund einer Symptomatologie oder der von ihr verursachten aktuellen Störungen.[207]

Konsequent wendet sich Anna Freud gegen Vereinfachungen: gegen die Unterscheidung von «guten» und «schlechten» Müttern – als Ursache von Störungen –; gegen die Übertragung des Gesundheits-Begriffs auf die psychische Seite der Entwicklung. Wenn wir lernen, alles von den immanenten Gesetzen der Entwicklung her zu sehen, stoßen wir auf andere *Kategorien*. Jede Wandlung im Entwicklungsvorgang bringt neue Probleme mit sich; bei Wandlungen auf der ganzen Linie (Phasen) verschwinden die frühen *Bilder* in neuen und anderen *Bildern*.[208]

Die Entwicklung *normalen psychischen Funktionierens* wird zum Hintergrund psychoanalytischen Verstehens seelischer Zusammenhänge. Es geht um das *latente* System der Entwicklung, das allen Einzelerscheinungen zugrunde liegt. Damit macht sich die Psychologie von *psychiatrischen Kategorien unabhängig*[209]. Als Anhaltspunkt für diese Systemanalyse von Entwicklung wirken *Entwicklungslinien*: sie sind *Bilder* oder *Prototypen*, die sich in Verhalten und Erleben beobachten lassen – bei der Entwicklung der Sekundärprozesse, der Reinlichkeit, der Liebesbeziehungen, der Triebkontrolle, der psychischen Abfuhr, der Beziehung zu Gleichaltrigen, der Verantwortung. Kern des Konzepts der Entwicklungslinien ist die Reihenfolge der libidinösen und aggressiven Triebentwicklung, die Reihenfolge der Ich- und Über-Ich-Entwicklung, die Reihe der Wechselbeziehungen zwischen dem Es und den Ichinstanzen.[210]

Anna Freuds Interesse zentriert sich in der Folge um drei Fragen: was ist die *Basis* der Entwicklung? Welche *Differenzierungen* bilden sich «innerhalb» des psychischen Apparates aus? An welchen Wendepunkten kommt es zu *Konfliktbildung?*[211] Auf diese Weise wird das Denken in Grundgestalten und Verwandlungen, das bereits die Analyse ihrer ersten Fälle bestimmte, in ein System gebracht. Ohne ein solches System stellen die Erkenntnisse über Libidophasen, Ödipuskonflikt, Narzißmus *isolierte Fakten* ohne klare Wechselbeziehung dar. ... *sie befriedigen nicht unser Bedürfnis nach einem detaillierten, systematischen Bild des Wachstums der integrierten Persönlichkeit des Kindes*.[212]

Die Basis der Entwicklung weist bereits eine Vielfalt von Kombinationsmöglichkeiten auf; aber sie sind noch nicht nach dem Schema «Konflikt- oder Kompromißbildung» zu verstehen. Erst im ödipalen Stadium findet sich die *echte infantile Neurose* als ein *sorgfältig ausgearbeiteter Versuch, mit einer massiven und komplexen Umwälzung fertig zu werden*, die durch Widersprüche verursacht ist. Die infantile Neurose kann daher paradoxerweise zum *positiven Beweis* für Persönlichkeitswachstum und *innere Strukturbildung* werden. Die analytische Behandlung macht diese Vergangenheit nicht ungeschehen – sie kann den Patienten aber helfen, auf andere Weise mit seiner Vergangenheit umzugehen.[213]

Daß die Psychoanalyse auf eine Art Antrieb zu «Vervollständigung der Entwicklung» (Bibring) gestoßen ist, spricht für das System in der Entwicklung. Aber die *Zumessungen* sind noch lückenhaft: die Psychologie der Entwicklung braucht immer noch *mutige Pioniere*. Zwar bieten ihnen die bewährten «Konzepte» der Psychoanalyse – mehrfache Determinierung, Konflikt, Synthese, Kompromißbildung – eine Hilfe. Aber die primäre Störung der Entwicklung ist *ganz einfach auf ein fehlendes Gleichgewicht in der Entfaltung der Entwicklung selbst* zurückzuführen[214]; das muß in seinen eigentümlichen Bildungsgesetzen erforscht werden. Störungen können auftreten, *wenn die zeitliche Abstimmung auf irgendeiner der vier Seiten (Triebe, Ich; Über-Ich; Umgebung) fehlschlägt. Archaische Ängste vor Dunkelheit, Einsamkeit, lauten Geräuschen etc. sind normaler-*

weise in der Zeit am stärksten, in der das Kind auf maximale Stützung, Tröstung und Beruhigung von seiten Erwachsener rechnen kann, die sein Hilfs-Ich repräsentieren; oder wenn der erwachende Realitätssinn des eigenen Ich helfen kann, der Panik entgegenzuwirken. Zu einer ernsten Bedrohung für die ungestörte Entwicklung werden sie nur, wenn entweder die Fürsorge der Umgebung zu früh zurückgezogen wird, wie es bei vernachlässigten Kindern geschieht, oder wenn die Ichfunktionen zu spät reifen, wie es bei geistig Behinderten die Regel ist.[215]

Für die Analyse legen die *Entwicklungslinien* Anhaltspunkte fest, von denen aus die determinierenden *Entwicklungsfaktoren* rekonstruiert werden können. Die *Bilder* der Entwicklungslinien sind die *gemeinsamen* Produktionen, in denen die *vielfältigen Determinanten der Entwicklungsbewegungen* zum Vorschein kommen. *Wie die oben erwähnte Linie der Sexualentwicklung verläuft auch die Entfaltung aller anderen Kennzeichen des Erwachsenen entsprechend den zusammenwirkenden Einflüssen, die einerseits von den Instanzen innerhalb der Persönlichkeitsstruktur, andererseits von der Umgebung ausgehen. Um nur einige Beispiele zu nennen:*

Für den Schritt von anaklitischen (bedürfnisbefriedigenden) Beziehungen zur Objektkonstanz muß der Drang des Es nach Befriedigung abnehmen; das Ich muß die Fähigkeit erwerben, Erinnerungsspuren auch von abwesenden Objekten zu bewahren, die menschlichen Objekte der Libido des Kindes müssen in der Außenwelt beständig und zuverlässig verfügbar sein.

Der Prozeß von Trennung und Individuation wird gemäß drei Determinanten vollzogen: auf der physischen Seite das Erreichen unabhängiger Bewegungsfähigkeit; auf der libidinösen Seite eine Verringerung der völligen Abhängigkeit; hinsichtlich der Umwelt die Zustimmung der Mutter zur wachsenden Unabhängigkeit ihres Kindes.

Die Kontrolle der Ausscheidungen erfolgt unter dem gemeinsamen Einfluß der körperlichen Reifung der Schließmuskeln, der Umweltroutine, die von der mütterlichen Person auferlegt wird, und der Tendenz des Ich, willfährig zu sein, um den Verlust der Liebe dieses Erwachsenen zu vermeiden.

Die verschiedenen Schritte auf der komplexen Linie vom Spiel zur Arbeit hängen von dem Bedürfnis des Kindes nach direkter (oder sublimierter) Triebbefriedigung ab; von seinen erwachenden Ich-Interessen; von der Bereitstellung von Spielzeug und Gelegenheiten durch die Umwelt; schließlich von der reifenden Fähigkeit des Ich, zielgerichtete Aktivitäten auch ohne sofortigen Lustgewinn aufrechtzuerhalten; etc.[216]

Das System in der Entwicklung ist nicht zu begreifen, wenn man nach linearen Kausalzusammenhängen sucht. Bei jedem Entwicklungsschritt bilden sich verschiedene Qualitäten und Formierungen auf einmal aus: indem Kontrolle über die Schließmuskeln erworben wird, wird zugleich Interesse an analen Produkten bewahrt; indem das Realitätsprinzip sich bestätigt, formiert sich eine «geheime Domäne» von Phantasie. Auf ähnliche Verschränkungen der seelischen Formenbildung verweist die *Inter-dependenz von Entwicklungslinien: Offensichtlich können gewisse Ent-wicklungslinien nicht ihren Anfang nehmen, wenn nicht gewisse andere ihnen vorausgegangen sind oder sie zumindest unterstützen ... Die Ich-Kontrolle über Körperfunktionen und Triebe setzt Fortschritte von der Ob-jektabhängigkeit zur Identifizierung voraus ... Jeder Schritt vom Spiel zur Arbeit erfordert eine vorherige Unterwerfung unter das Realitätsprinzip etc.*[217]

Hier wird eine *Konstruktion im Werden* sichtbar, die durch verschie-denartige Wirksamkeiten und durch damit zusammenhängende Gegen-läufe, Rückwirkungen, Ergänzungen, Zwischenproduktionen und Vor-bedingungen gekennzeichnet ist. Was sich im einzelnen beschreiben läßt, muß daher jeweils auf die Vor- und Rückbewegung dieser *Konstruktion* bezogen werden. Je nach Lage des *Ganzen* – und dem Vorankommen oder Stillstand seiner *Linien* – können äußerlich ähnliche Erscheinungen oder Symptome ganz verschiedenen Sinn haben. Für Anna Freud liegt die Aufgabe der *Psychologie* darin, zu erforschen, wie ein solches Entwick-lungs-System in sich aufgebaut ist und wie es im ganzen *funktioniert.* Wenn die Probleme dieser Wirkungseinheit in angemessenen *Kategorien* rekonstruiert werden können, versteht die Psychologie die Eigenart des seelischen Geschehens.

Nur auf diesem Hintergrund eröffnet sich der Zugang zur Welt des Kin-des: *Wenn die Mutter Kopfschmerzen hat oder die Kindergärtnerin erkältet ist, sieht das Kind nicht die Kopfschmerzen oder die Erkältung, sondern denkt vielleicht: «Sie sind böse auf mich, ich muß etwas Schlimmes getan haben.» Wenn die Mutter krank zu Bett liegt, meint das Kind: «Sie will heute nicht mit mir spielen.» Wenn sie ein neues Baby erwartet, fragt es sich: «Warum nimmt sie mich nicht mehr auf den Arm? Sie hat mich wahrschein-lich nicht mehr lieb.» Ich hatte einmal einen Patienten, der in fortgeschritte-nem Alter, wann immer er auf den Tod seiner Mutter zu sprechen kam, die Worte gebrauchte: «Wie sie mich verlassen hat ...» Dieser Egozentrismus, der alles und jedes Ereignis unmittelbar auf die eigenen Gefühle, Wünsche, Erfahrungen bezieht, macht es uns so schwer, Kinder zu verstehen. Die Gefühle anderer Menschen zählen nicht. Wenn es regnet, dann nur, um einen heißersehnten Ausflug zu verderben. Wenn es donnert, dann nur, weil das Kind nicht brav gewesen ist. Einem Kind würde nie einfallen, daß es auch für Menschen regnet, die nichts Schlimmes getan haben. Bei Er-wachsenen nennen wir solche Überzeugungen abergläubisch. Ich erinnere mich an einen bestimmten Mann, der überzeugt war, daß es regelmäßig zu Beginn seiner Ferien zu regnen anfangen wird. Ich halte das für ein Über-bleibsel aus seiner Kindheit.*[218]

Für Anna Freud ist Psychoanalyse *Entwicklungspsychologie; schmerz-liche, dramatische, pathogene Punkte* werden zum Anhalt, *widerstreiten-den* Tendenzen, die die Entwicklung mit sich bringt, nachzuforschen – dem Widerstreit von Triebregungen, dem Widerstreit von Verhältnissen (aktiv–passiv, männlich–weiblich), den Konflikten zwischen Ich und Es auf Grund normaler psychischer Wachstumsprozesse. Probleme können mit *progressiver* Entwicklung wie auch mit *Regressionen* zusammenhängen.[219]

Es entspricht diesem Bild von Entwicklung, wenn wir darauf achten, daß alles zwei – oder sogar mehrere – Seiten hat. Der Reichtum seelischer Kombinationsmöglichkeiten macht es uns aber schwer, *feststehende Beziehungen* zwischen den widerstreitenden Bildungskräften aufzudecken. So können die exhibitionistischen Tendenzen der phallischen Phase, je nach einwirkenden Ichmechanismen, *Persönlichkeitsbilder* hervorbringen, *die so weit voneinander divergieren wie das eines Einsiedlers, eines begabten Schauspielers oder eines schnüffelnden Zensors*; verschiedenartige Umwandlungen der Aggression können zum Bild des *Kriminellen* führen oder des *Abenteurers,* des *Lehrers,* des *Chirurgen* oder des *Pazifisten.*[220]

Anna Freuds Rekonstruktion der Wirkungsmächte von Entwicklungsganzheiten stützt sich auf eine Gegenüberstellung von *Entwicklungsschritten* (Bilder, Typen, Phasen, Linien) und dabei wirksamen *Regulationen* zwischen Es-Ich-Überich-Realität. Da sie das *Ganze* zwar als wichtig heraushebt, nicht aber bei ihrer Verrechnung dieser Figurationen ausdrücklich berücksichtigt, kommen die neuen Gesichtspunkte, die Anna Freud in die psychoanalytische Systematik einführt, bisweilen nur unvollständig zur Geltung. Dabei rückt gerade die Spannung von Ganzheit und Entwicklung die *Probleme* seelischen Werdens ins Licht. Ein Ausweichen vor diesen Problemen führt zu Störungen der Entwicklung; das zwingt die Behandlung in vielen Fällen, «innere Konflikte» überhaupt erst herzustellen. *Es ist wichtig für den Kinderanalytiker, sich klarzumachen, wie sehr gerade die Flucht vor dem inneren Konflikt die ganze Einstellung des Kindes zur Therapie beeinflußt. Was das Kind für seine Erleichterung erhofft, sind nicht innere Veränderungen, sondern Veränderungen in der Außenwelt. Es will die Schule wechseln, um einem Lehrer auszuweichen, der nichts anderes ist, als eine äußere Darstellung seines inneren Gewissens; oder um einen Klassengenossen zu vermeiden, der durch Projektion seiner eigenen Triebwünsche als Verführer empfunden wird; oder um aggressiven Kameraden zu entgehen, deren gefürchtete Angriffe im Grunde nur seine eigenen passiv-masochistischen Wünsche erfüllen. Der Therapeut, der sich mit Recht solchen «Heilungsversuchen» widersetzt, verwandelt sich in den Augen des Kindes aus einem erwünschten Helfer in eine neue und gesteigerte Gefahr.*[221]

Das Spätwerk von Anna Freud stellt deutlich heraus, was sich bereits in den frühen Arbeiten andeutete. Sie ist ein leidenschaftlicher Vermittler des Weltbildes der Psychoanalyse; einmal, indem sie das Wirken ihres Vaters in seinem Sinne fortsetzt, zum anderen, indem sie die Erfahrung der zweiten Generation aufgreift, daß es nur auf Umwegen und über Vermittlungen zu einer Rekonstruktion kommen kann. Sie vermittelte aber auch noch in zwei bedeutsameren Hinsichten – sie gab der Psychoanalyse neue Gesichtspunkte, die das *System* der Entwicklung in den Vordergrund rücken; und sie schlug die Brücke zwischen einer beschreibend-zergliedernden Psychologie und den Rekonstruktionen der Psychoanalyse.

Sigmund Freud hatte in der letzten Wendung, die er seiner Psychologie gab, Probleme seelischer Ganzheit aufgegriffen – im «Narzißmus» und im «Jenseits des Lustprinzips» –, und er hatte sein Interesse neu der Entwicklung von Abwehrvorgängen und Triebschicksalen zugewandt. Anna Freud suchte das «auf den Begriff zu bringen», indem sie Konzepte wie *Struktur* und *Ganzheit* mit *Entwicklung* und *Verwandlung* verband. Dabei ging sie über den Stand der Formulierungen im «Abriß»-Fragment[222] ihres Vaters hinaus; denn sie suchte nach Figurationen in Figurationen, aus deren *Bewegung und Wechselwirkung* die verschiedenartigen *Entwicklungsbilder* verständlich werden. Welche Verhältnisse des seelischen Getriebes ermöglichen bestimmte Entwicklungsschritte – welche Mechanismen müssen funktionieren, damit sich weitere Ausformungen der *Anteile des Ganzen* ergeben können? Was, zum Beispiel, muß dazwischentreten, damit es von Spiel zu Arbeit weitergeht? Wann ist etwas hervorgerufen durch die Übersteigerung einer Linie, wann durch das Fehlen einer anderen? Anna Freud war gebannt durch die Frage nach den *inneren Beziehungen* zwischen den Wirkungskräften der Entwicklung und den Regulationen, die Entwicklung im ganzen mit sich bringt. Sie rückte Systemprobleme ins Zentrum, die nach den Ansprüchen und Vermittlungen eines werdenden Ganzen fragen; das hat das Problembewußtsein der Psychoanalyse auf einen ganz neuen Stand gebracht.

Es legt sich nahe, die neue Art, in der Anna Freud die Psychoanalyse weiterdachte, zu ihrer «Methode», das eigene Leben zu gestalten, in Beziehung zu bringen. Entsprechungen zwischen Werkentwicklung und Biographie sind nicht zu übersehen: Vermittlungen hier wie dort; Umorganisation des Ganzen an mehreren Wendepunkten ihres Lebens – zugleich Herausrücken analoger Gesichtspunkte in ihrem Werk. Das Mitgehen bei Umwandlungen ist demgegenüber nicht so leicht in ihrem Leben wiederzufinden – bis man merkt, daß Anna Freud Übergänge mit einer gewissen Ambivalenz genießen konnte und daß sie neugierig zum Experimentieren neigte, um dem Leben seine Antworten abzugewinnen.

Das hielt sich allerdings in Grenzen. Wie ihr Vater blieb Anna Freud trotz der psychoanalytischen «Umwertung» der Motive von Kultur ganz im Rahmen westeuropäischer Anständigkeiten; das Fehlen von «Zucht», von Treue, von Leistung erschien ihnen als schlimmer Mangel. Bei Anna Freud zeigte sich das sogar im Herstellen von langen Tischdecken, die es verhinderten, daß die modischen Miniröckchen zum Vorschein kamen.[223] Dennoch war Anna Freud immer etwas mehr rebellisch und *unternehmungslustig*, als die anderen erwarteten. Ein Genießen von Umwandlungen unterstützte ihre eigene Art von Humor; es ließ auch da noch ein

Verständnis für das Aufbegehren der Jugend zu, wo andere bereits Mißfallen der Obrigkeit befürchteten. So bat Anna Freud ihre alte Mitarbeiterin Dr. Ilse Hellman um einen Fall *aus der Jugend von heute* für die Analyse – das Mädchen ging dann auch kaum bekleidet zu Anna Freud und blieb vier Jahre in Analyse.[224] Für manche Getreue waren «zu offene» Äußerungen von Anna Freud auch nach ihrem Tode noch unerwünscht.

Das Verhältnis der beiden Freuds zur Kultur hatte mit der Hilfe zu tun, die unsere Kultur dem bietet – oder damals anbot –, der sich durch sein Werk, durch Pflichterfüllung und Opfer eine Berechtigung erarbeitet. Die westeuropäische Kultur mit ihren Maximen von «Anständigkeit», «Loyalität», «Vernünftigkeit» wird ein Weg zu verpflichtenden Leitbildern von Sublimierung und Aristokratie; das muß man im Zusammenhang mit der gesellschaftlichen Ausgangslage der Freud-Familie sehen.

Anna Freud nahm die Verpflichtungen eines großen Werkes auf sich; aber sie folgte im Laufe ihrer Entwicklung auch der Einsicht des Vaters, der Mensch solle sich mit seinen Komplexen, «den berechtigten Dirigenten der Welt» ins Einvernehmen setzen.[225] Es gelang ihr, im Alter die Originalität und Extravaganz des Kindes wiederzugewinnen und in ihrer Arbeit für die Psychoanalyse zu kultivieren. Die Lebensform Anna Freuds ruft uns die Märchen vom «dummen» Jüngsten, der König wird, in Erinnerung; er löst die übermenschlichen Aufgaben, an denen die älteren Brüder scheitern, weil sie die schöpferische Unbefangenheit des Kindes von ihrem Erwachsensein abspalteten. Der Jüngste ist Kind und Heros in einem.

Mit ihrer Treuepflicht gegenüber der Sendung des «Königs» und mit ihrer ganzen Produktivität geht sie an die «Aufgaben» heran, die die Kultur ihren Heroen stellt; und bei diesen Arbeiten beleben sich die schöpferischen Kräfte des Kindes immer wieder neu. Anna Freud wünschte, die Geschichte der Psychoanalyse mitbestimmen zu können[226] – ihr Kampf um die Kinderanalyse bestimmte das Feld, auf dem sich der Kind-Heros von heute zu bewähren hatte. Nicht von ungefähr entwarf sie ein eigenes Forschungsprojekt über *Kinder als Helden*[227]. Und das war auch einer der wenigen Punkte, an denen sie ihre Gefühle nicht verbergen konnte: als die Erwachsenenanalytiker um 1970 «ihre» Ausbildung nicht als gleichberechtigt anerkennen wollen, rechnet sie scharf mit den Verkehrungen der Psychoanalyse ab[228] – wie es die kluge «Miss» des Kriminalromans mit der unfähigen Obrigkeit tut.

Im Kind-Heros lebt der mächtige König, der die Aufgaben stellen mußte, weiter; seine Sendung übernimmt das jüngste Kind, dessen Eigenart er liebevoll anerkennt. Indem er sich den unvermeidlichen Arbeiten unterzieht, sucht der Kind-Heros das Wesen der kleinen Neulinge und die Rechte der Kultur zu vermitteln. Das Kind im Heros tritt besonders schön zutage, wenn Anna Freud der Verlockung nicht widerstehen kann, sich bei «Verwandlungen» sehen und bewundern zu lassen – das kluge

Kind mußte sich wenigstens einmal im neuen Doktortalar, die Treppe herabschreitend, ihren Mitdirektoren Hansi Kennedy und Dr. Clifford Yorke präsentieren.[229]

Das Kind als Heros fand seine schwerste Aufgabe in dem, was Anna Freud mit dem Wort *Entsagung* (*Resignation*) verband. Goethe, der «Meister» (S. Freud), hat das doppelsinnige Wort «die Entsagenden» zum Untertitel seines Romans «Wilhelm Meisters Wanderjahre» gemacht. Es weist einerseits darauf hin, daß ein Leben, in dem uns Ergänzungen des eigenen Wesens entzogen, Fremdes und Lästiges aber aufgedrängt werden, eine «schwere» Aufgabe ist. Andererseits fordert es dazu auf, nicht

Mit Dorothy Burlingham

Mit Jeanne Lampl-de Groot

vor dem Konflikt zu fliehen, sondern uns von Notwendigem und Gesetzlichem «im ganzen» zu überzeugen.[230] Für Anna Freud wurde Entsagung zu einer Gleichung, an der sie eigene und fremde Lebensbewältigung maß. Entsagung ist Opfer und Versprechen zugleich, ein Schutz gegen die Gefahren des Überrumpelt-Werdens von innen oder außen.

Zwischen der Ausgestaltung der (wiedergefundenen) Welt des Kindes und der Entsagung des Heros bewegt sich das Leben von Anna Freud in den beiden letzten Jahrzehnten ihres Lebens. Es läßt erkennen, wie großartig sich Kindhaftes – mit seinen Verwandlungsmöglichkeiten, seiner Neugier und Dramatik, seinem Fragen nach einfachen und verständlichen Antworten – weiterbilden kann. Davon zeugen die Berichte ihrer

Freunde und Mitarbeiter im Gedenkheft des «Hampstead-Bulletins»[231]; sie veranschaulichen den kunstvoll-ironischen Umgang Anna Freuds mit sich selbst wie mit ihren Mitmenschen. Ihre Kunst zu charakterisieren, kommt zutage, wenn sie über eine ungehorsame Vierjährige, deren Eltern ein Kind vor ihrer Geburt gestorben war, sagte: *... es ist sehr schwer, mit einem kleinen Engel zu wetteifern.* Von einem dicken Mädchen vermutete sie, es denke *mit dem Bauch.* Besondere Freude hatte Anna Freud, wenn Professoren der Rechtswissenschaft als Terroristen verdächtigt wurden, oder wenn sie ein Schild an ihrem Haus in Irland anbringen konnte: *... gesperrt für Kühe – freier Zugang für Professoren.*

Kindern machte Anna Freud sich in einer Weise verständlich, als ob sie selbst die «Welt mit Kinderaugen» sähe: Wenn ein Kind sie fragte, wo ihr Haus sei, meinte sie: *... weißt du, wo Yo-fie* (sie selbst schrieb den Namen dieses Hundes «Jofi») *wohnt? Da wohne ich auch!* Diesen Stil zu fragen und darzustellen, wandte sie auch auf sich selbst an; so kennzeichnete sie

In Walberswick

ihr Autofahren mit Dorothy Burlingham: ... *wir wechseln uns dabei ab – einer fährt und einer paßt auf.* Über ihren Strickzwang meinte sie: ... *ich weiß nicht, ob ich im Jenseits stricken werde.* Wien wollte sie nur dann wieder besuchen, wenn ihr die Stadt einen Lippizaner bereitstellte, um durch die Tore zu reiten. Für die Mittagsschläfchen ihrer alten Freundinnen hatte sie die kindliche Frage bereit: *am Tag schlafen?* Man kann verstehen, daß ihren Bekannten das alles wie eine «Hinnahme der paradoxen Irrationalität der menschlichen Natur» oder wie ein «Humor gegenüber dem Absurden» erschien (Valenstein). Hier kommt der groß-angelegte Lebensentwurf eines Menschen zum Vorschein, der ein einmaliges «Individuum» geworden ist und sich zugleich eine Vielfalt von Lebensmöglichkeiten erhalten will.

Die Arbeiten des Heros unterdrückten all das nicht, aber sie setzten doch Grenzen in den Entsagungen, die die Forderungen der psychoanalytischen Bewegung, ihr Ausbildungsinstitut und ihre Klinik und nicht zuletzt die Begrenztheit ihrer Kräfte für Anna Freud mit sich brachten.

Mit Mathilde Freud-Hollitscher

Anna Freud wollte dieses Dazwischen; denn daran spürte sie, daß sie Herr ihrer Tätigkeiten war. Solange da etwas zu vermitteln war, solange lebte sie; daher war die Zeit nach ihrem lähmenden Schlaganfall Anfang März 1982 eine furchtbare Qual. Untätig-sein-Müssen war für sie eine der schlimmsten Drohungen; selbst bei Krankheiten konnte sie nicht ohne Lesen, Stricken, Arbeiten, «Dirigieren» sein [232] – als hätte sie sonst etwas verpaßt und sich auch noch schuldig gemacht. Sie hätte wohl gerne alles mögliche auf einmal gemacht; daher brauchte sie Zwang, Eingrenzung, Entsagung – und darauf bezogen sich dann wieder ihre «Freiheiten».

Die Zeit nach der Veröffentlichung der *Wege und Irrwege* war eine Zeit von Veränderungen, die das Bild der Kultur umzeichneten. Die Studenten revoltierten, die «Sexwelle» riß eine ganze Reihe von Konventionen um, Emanzipation aller gegen alle wurde wieder einmal großgeschrieben – und viele beriefen sich dabei auf «Freud». Dabei liefen in den siebziger Jahren zunächst Wohlstand und Wirtschaftsleben weiter wie bisher und versorgten auch die, welche dagegen waren.

Anna Freud verstand etwas von Rebellionen und hielt sie auch nicht für vermeidlich; aber sie war dagegen, daß man für alles mögliche auf «Freud» zurückgriff, schon gar nicht, wenn nur die eine Seite des Hin und Her betont wurde. Was sie in ihrem Entwicklungs-Konzept herausstellte, wandte sie auch auf die Praxis an: jede Vereinseitigung führt in neue Probleme hinein; kein Teil ist automatisch besser als der andere; jeder verfolgt seine eigenen Ziele – und greift damit parteiisch in das Leben des Ganzen ein. Es war sozusagen die einverleibte Psychoanalyse, die Anna Freud in den bewegten Zeiten einen (beweglichen) Halt gab; Probleme, die sie in ihrem eigenen Leben austrug – Originalität, Entsagung, Gefahr des Überrumpelt-Werdens, Untätigkeitsdrohung –, halfen ihr, die Zeitereignisse zu verstehen und einzuschätzen.

Das «Firmenzeichen»

Für die Stabilität ihres Wirkungskreises in dieser Welt sorgte die wieder gut ausgebaute Großfamilie («ohne Mann»). Wie ein Gewebe spann sich der Familienausbau von einem Kern nach außen – der Kern waren Miss Freud und Mrs. Burlingham. Für ihre Freundin konnte Anna Freud alles sein – Kind, Frau, Heros, Vater –; sie fand in allem Anerkennung und tatkräftige Unterstützung. Um den Kern dehnte sich ein weites Ringwerk von Bastionen, Wehrgängen, Stützen, Zugangs- und Abweisungsmöglichkeiten. Das ganze Werk glich einer Welt im Kleinen; ihre Positionen waren von näher oder ferner stehenden «Verwandten» besetzt: Mit-Herausgeber, Mit-Analytiker, Mit-Direktoren, Stifter, Schüler, Kinder und Betreuer, Haushaltskräfte, Gärtner, Weber und Stricker, Reiter. Die Positionen waren besetzt und zugleich für Anna Freud offen: sie konnte bei Belieben hier oder dort eingreifen – als Chef, als Autorität der Psychoanalyse, als Kontrolle bei Analysen, als Gärtner, als Köchin, als Weberin,

Anna Freuds Haus in Irland; «gesperrt für Kühe; freier Zugang für Professoren»

als Nikolaus, als Einkäuferin, nicht zuletzt als Kind. So hatte sie in ihrer Weise erreicht, daß sie doch vieles auf einmal betreiben konnte – jedenfalls mehr als anderen möglich war – das war ihr «Glück».[233] Allerdings schuf sie sich und ihren Mitarbeitern Probleme, weil sie überall auch das «Sagen» behalten wollte; das war von der Sache her sicher berechtigt, aber wer will schon immer wieder Platz machen müssen.

Es liegt in der Richtung des Ausbaus eines solchen Wirkungskreises, daß Anna Freud in Amerika besonders auffiel, wie wenig Zäune es da gebe[234]; sie verstand auch gut das Prinzip des Menninger-Systems der Verwendung von Analytikern: ... *so viele junge Leute und jeder leitet irgend etwas.*[235] Die gut funktionierende Familie, mit reichen Bewegungsmöglichkeiten innerhalb ihrer Markierungen, war für Anna Freud ein Außenhalt, an dem sich bestimmte Binnenregulierungen ihres Seelenlebens ablesen ließen: daß es gut lief, gab Berechtigung für noch viel mehr – möglichst viel zu dürfen; aber auch Verpflichtung, sich anzustrengen und etwas aufzubieten, damit nichts verfehlt wurde.

An «kleinen Anzeichen» kann man so etwas wie eine Verrechnungsmagie in diesem System beobachten: wenn beim Weben etwas danebenging, war Anna Freud über das Unperfekte deprimiert; wenn das eine Stück noch in Arbeit war, mußte sie schon das nächste vorhaben.[236] Es beschäftigte sie einige Zeit, wenn sie einmal bei ihren Analysen einer falschen Fährte gefolgt war. Sie war bei Beschenktwerden oder Einbezogenwerden in «Freundlichkeiten» empfindlich wie ein Mann, dem man eine Krawatte zu schenken wagt. Sie konnte und wollte ihre Gefühle nicht offen zeigen. Was sie an Arbeiten oder Übersetzungen billigte, wurde bisweilen bis in kleine Einzelheiten im Sinne ihres «Stilgefühls» redigiert. Vor der Möglichkeit, in einem unverrückbaren Abbild festgehalten zu werden – durch Foto, Malerei, Biographieschreiben –, schreckte sie zurück; der Gedanke, ihr berühmter Maler-Neffe Lucian Freud könne ihr Bild verewigen, war *unmöglich* (dabei war sie stolz auf ihn).[237]

Die Familie spiegelte sich in nuce noch einmal in den Verhältnissen von Walberswick. An diesen windigen und nassen Ort fuhren Anna Freud und Dorothy Burlingham mit einiger Regelmäßigkeit zwischen 1945 und 1979, sowohl an den Wochenenden wie in den Ferienzeiten. Hier konnte Anna Freud stricken, weben, kochen, Musik hören, neugierig herumwandern, reiten, lesen und auch arbeiten, Besuche empfangen, Fallberichte studieren, Vorträge vorbereiten. Es war eine besondere Ehre, wenn Mitglieder der großen Familie nach Walberswick eingeladen wurden. Das gehörte zu den Gunstbeweisen, die Anna Freud wie ihr Vater zu staffeln verstand; besondere Steigerung war das Überreichen von Stricksachen mit einem kleinen Schild «Hand Made by Anna Freud».[238] Nicht jeder teilte die Begeisterung für Walberswick; Annas Schwester Mathilde fand es einfach zu kalt. Anna Freud lebte gerne an dem Ort, obwohl *England eigentlich unbewohnbar ist*[239].

Mathilde Freud-Hollitscher meinte, die Psychoanalyse und die Klinik hätten ihre Schwester so in Beschlag genommen, daß für die leiblichen Verwandten kein Platz mehr blieb.[240] Die Bekannten von Anna Freud wunderten sich denn auch über ihr distanziertes Verhältnis zu Neffen und Nichten; dabei war das doch, von der Neu-Familie her gesehen, psychologisch konsequent. Ein besseres Verhältnis hatte Anna Freud zu dem Sohn ihrer Schwester Sophie, W. Ernest Freud, den sie als den einzigen Analytiker ihrer Verwandtschaft schätzte; aber auch das Verhältnis zu ihm kühlte sich ab, als er sich einige Freiheit gegenüber dem Aufgehen in der Großfamilie zu wahren suchte, die ihm ihrerseits übelnahm, daß er der Enkel ihres Stammvaters war.[241] Anna Freud fand hier keine passende Vermittlung, vielleicht weil ein alter Zwiespalt in ihr dabei wachgerufen wurde.

Die Großfamilie trug durch ihren «Stellenplan», ihre Verzweigungen und Staffelungen wesentlich dazu bei, daß Anna Freuds Unternehmungen auch im Alter ohne viel Probleme weiterliefen. Sie konnte sich ihre *Unternehmungslust* erhalten, sie konnte reisen, sie konnte mit ihren Freunden in Kontakt bleiben, sie konnte weiterarbeiten. Sie schuf sich sogar 1965 ein zweites Refugium, noch schwerer zu erreichen, in Irland: *noch schöner als Walberswick*[242].

Ihre Vortragsreisen führten Anna Freud immer wieder nach Amerika, an die verschiedensten Orte. Und immer wieder auch zu ihren Freunden und Bekannten – Grete Bibring, Ruth und Kurt R. Eissler, Marianne Kris, Heinz Hartmann, Heinz Kohut, René Spitz. Amerika schätzte Anna Freud; über die mangelnde Nachfrage in England und Deutschland zeigte sie sich enttäuscht, obwohl sie selbst es war, die bei Anfragen aus Deutschland abwinkte. Auch Österreich steht noch nicht auf ihrem Reiseplan. Dagegen folgt sie Kongressen und Einladungen in andere Städte Europas – sie besucht die Kongresse der treuen Niederländer in Amsterdam oder die Veranstaltung zu Ehren von René Spitz in Zürich.[243] Aber es zeigen sich auch Einschränkungen: Freunde sterben – die Nachrufe, die Anna Freud schreibt, mehren sich; am 26. Kongreß in Rom 1969 nimmt sie nicht teil.[244]

Um 1971 wandelt sich die Haltung Anna Freuds gegenüber ihrer Heimatstadt: sie nimmt eine Einladung nach Wien an, wo der 27. Internationale Psychoanalytische Kongreß stattfindet.[245] Sie ist versöhnlich gestimmt, aber nicht ohne Verrechnung. Die Wiener müssen Abbitte leisten; Anna Freud hält ihren Vortrag *Comments on Aggression* in englischer Sprache; in der Berggasse 19 wird ein Freud-Museum errichtet.[246] Anna Freud kommt als mehrfacher amerikanischer Ehrendoktor und als Commander of the Order of the British Empire nach Wien. Österreich zieht nach: 1972 wird sie Dr. med. h. c. und 1975 erhält sie das Ehrenzeichen für Verdienste um Österreich.[247] Daß sich Anna Freud nicht mehr gegen eine Versöhnung sperrt, gehört auch zu der Entsagung «im großen»; zuletzt hat sie sogar gegen einen deutschen Doktor-Titel nichts mehr einzuwenden[248] – sie schickt allerdings Hansi Kennedy als Stellver-

1978

treter, die Ehrung der Universität Frankfurt 1981 entgegenzunehmen. Das Wiedersehen mit Wien berührt Anna Freud tief.

Die Forderungen nach Entsagung melden sich immer vernehmlicher, aber es sieht so aus, als habe sich Anna Freud dagegen auch um so stärker aufgebäumt. Die leiblichen Leiden verstärken sich; Anna Freud hatte schon lange unter Lungenerkrankungen und Rückenschmerzen gelitten, seit 1976 kam eine schwere Anämie dazu. Sie brauchte Transfusionen,

Boston, 1980

zunächst in größeren Abständen, dann immer häufiger; schließlich samstags eine Transfusion, damit sie montags arbeiten konnte.[249] Aber sie arbeitete wie ein Uhrwerk weiter, und die Arbeit hielt auch ihre Lebensgeister zusammen. Noch immer konnte sie auf Kongressen die Vorträge «summieren» und auf einen Nenner bringen; noch immer klärte sich eine

Falldiskussion bei den Dienstag-Sitzungen durch ihr Schluß-Wort, und bei aller Neigung zu Vermittlung, an der Spitze ihrer Phalanx alter Damen, konnte sie bis zuletzt grobe Abweichungen von der Lehre ihres Vaters mit einiger Ironie attackieren.[250]

Zugleich bildete sich gleichsam in aufsteigender Richtung «Miss Freud» immer mehr zum Leitbild dessen aus, was sich die Öffentlichkeit und auch die Leute vom Fach unter einem «echten» Psychoanalytiker vorstellen. Anna Freud wurde für sie die große alte Dame, die die «Psyche» der Psychoanalyse verkörperte – so wie die Menschen sie ersehnen, als eine Einheit von Wissenschaft, Klugheit, Verständnis und Humor, zugleich überlegen und doch mit etwas Menschlich-Allzumenschlichem behaftet. Die andere Seite der Medaille war natürlich, daß damit ein leibhaftes Über-Ich errichtet wurde, das Maßstäbe setzte und immer noch etwas mehr forderte. Es war zugleich nah und doch in Distanz, es war auf Realität bezogen und doch etwas, dem man Unangenehmes fern halten mußte.

In dieser Gestalt eines lebendigen Leitbildes und Vorbildes wirkte Anna Freud auf ihre Zeit wie kein anderer Psychologe nach dem Tod ihres Vaters. Sie ist wirklich der Nachfolger ihres Vaters geworden, der zeigte, wie man die Einsichten eines Genies der Nachwelt vermitteln und als «Wahrheit» im Umgang mit der Wirklichkeit ständig neu entdecken kann. Sie war der anschauliche Beweis, daß die Psychoanalyse doch eine neue Sicht vom Leben in dieser Welt vermittelt und dadurch zur Umwandlung unserer Lebensprobleme beiträgt – wenn man sie nur richtig zu handhaben versteht, eben wie Anna Freud die Psychoanalyse ins Leben umsetzte. Das zog die Menschen in ihren Bann, setzte ihnen Maßstäbe und versinnlichte ihnen, was die Psychologie leisten kann. Dadurch wirkte Anna Freud auf Erwartungen und Konzepte ein, die sich ihre Zeitgenossen von einer «menschlichen» Wissenschaft machten – zu einer Zeit, in der ihnen die Folgen naturwissenschaftlicher und technischer Konzepte zu Schreckgespenstern wurden.

Die Menschen können auf solche Leitbilder und die sich darum rankenden Legenden nicht verzichten. Anna Freud wußte um die Legende, die sich um sie bildete; sie arbeitete an diesem Leitbild mit, das kam der eigenen Kultivierungsarbeit an ihrem «Seelengarten» entgegen. Sie genoß Ehrungen, Ruhm, Wirkung, zugleich mit den Anstrengungen und Aufregungen, die sie mit sich brachten; sie genoß sie in der ihr eigentümlichen Bewegung zwischen der Freude des schöpferischen Kindes und dem Wissen um Entsagung. Unter dem Zwang des Leitbild-Seins rang sie sich manchmal etwas mehr an Lächeln, Entgegenkommen, «Partygesprächen» ab, als sich von selbst einstellen wollte. Dazu armierte sie sich auch mit heroischen Worten der europäischen Kultur: *Schwierigkeiten sind da, um überwunden zu werden – was mich nicht umwirft, macht mich stärker – Wanderer, kommst du nach Sparta, berichte dorten, du habest uns liegen gesehen, wie das Gesetz es befahl.*[251]

Anna Freud lebte das Leitbild; man kann auch sagen, sie trug es wie ihr Kleid oder auch wie eine Rüstung. Aber es ist nicht zu übersehen, daß verwundbare Stellen blieben. Sie litt unter Enttäuschungen, Neid, Kränkungen – daß die Analytiker «ihre» Ausbildung nicht als gleichberechtigt anerkennen wollten, daß Freunde sie verließen; sie konnte sich gegen direkte Aggressionen nicht wehren und vermied daher große Diskussionen mit Kollegen und Mitarbeitern.[252] Sie war bedrückt durch die Zukunft der Psychoanalyse, sie sah sie nicht in rosigem Licht.[253] An diesen Punkten tritt ein Zug des Kindes «in ihr» zutage, der seine menschlich-allzumenschlichen Hoffnungen betrifft: das schöpferische und vielseitige

In Walberswick mit Coco.
Foto von Michael John Burlingham

Kind will Segen und Liebe bringen und dann auch Erwiderung für seine Liebe finden – aber das gelingt eben nur selten in gewünschter Weise.

Es ist keine psychologisch sinnvolle Frage, ob Anna Freud ihr Leben, wie es war, um den Preis einer bürgerlichen Ehe und leiblicher Kinder gewonnen hatte. Denn das ist eine bestimmte und geschichtlich bedingte Einschätzung sogenannter «Lebenserfüllung», nicht eine Charakterisierung von Glück aus der Vielfalt von Lebensformen heraus, die jeweils ein eigenes psycho-logisches Recht mit sich bringen. Die Familie, die Anna Freud sich schuf, dankte ihr für ihre Liebe wie für ihre Leistung. Je mehr es auf die inneren Ringe des Familienwerks zuging, um so mehr waren

Gefühlsoffenheit, Freundschaftsbeweise, Vertrauen, Liebe und Gegenliebe am Platz. Um so größer war aber auch die Gefährdung durch den
Tod der Nächsten. Der Tod von Mathilde, von Dorothy Burlingham, ein
Jahr später der Tod von Marianne Kris – beide starben in 20 Maresfield
Gardens – ließ Anna Freud Einsamkeit spüren.[254] Sie konnte ihren eigenen Krankheiten nicht mehr den alten Widerstand entgegenbringen;
aber sie gab nicht auf. Ihr Verstand und ihr Witz funktionierten bis zuletzt. Sie behielt ihre Klinik im Griff, schrieb weiter an Büchern, arbeitete mit ein paar Fällen weiter und interessierte sich für alles, was in der
Welt vor sich ging – für einen Urfisch, der aus dem Meer gezogen
wurde[255], für die Kinder im Kindergarten, für ihren neuen Chow Chow
Yo-fie.[256]

Am 1. März 1982 trifft Anna Freud ein Schlaganfall; der Hirnstamm ist
verletzt, daher sind vor allem die Muskeln und die Gleichgewichts-Hal-
tung betroffen.[257] Anna Freud kann ihre Gedanken nur noch mit großer
Mühe sprachlich artikulieren – die anderen konnten sie kaum verstehen
und waren durch ihre Veränderung ungemein betroffen. Sie erlebte selbst
vor allem ihre Lähmung – mit das schlimmste, was sie seelisch befürchtet
hatte. Zunächst nahm sie das Krankenhaus in Hampstead auf; dann kam
sie noch einmal in ihr Haus 20 Maresfield Gardens. Noch im Krankenhaus setzte sie die Arbeit mit Goldstein und Solnit an einem dritten Buch
über Familienrecht mit Korrekturlesen fort.[258] Im Sommer empfing sie zu
Hause ein paar Besucher; sie unterhielt sich mit ihnen über Erinnerungen, Ereignisse in London, über Bekannte und auch über Probleme der
psychoanalytischen Theorie. Ihre Gedanken waren so klar wie immer,
aber daß ihre Vermittlung nicht mehr funktionierte, muß Anna Freud
sehr schmerzvoll erlebt haben. *Könnte ich doch nur wieder richtig ein Glas
Wasser trinken und wieder selber, wie Yo-fie, gehen* – das war damals ihr
größter Wunsch.[259] Ihr Befinden besserte sich nicht mehr. Am 8. Oktober
1982 starb Anna Freud.

Anna Freud hat einen Platz in der Geschichte der Psychologie gewonnen, indem sie das Werk ihres Vaters in seinem Sinne weiterführte und es
zugleich in einem eigenständigen Konzept neu entfaltete. Sigmund Freud
war fasziniert davon, daß sich ein grundlegendes seelisches «Kräftespiel»
in einer Vielfalt von Metamorphosen durch unser Leben hindurch erhielt.
Den Überlegungen seiner letzten Lebensjahre gab er selbst keine «endgültige» Fassung – hier wurde Anna Freud sein getreuer Nachfolger. Ihr
Verständnis des Reichtums seelischer Verwandlungen führte sie zu dem
Konzept eines Systems in der Entwicklung selbst – zu einer Analyse, die
danach fragte, wie Entwicklung «an und für sich» möglich werde.

Sie sah dieses System als eine Ganzheit, die in sich bewegt ist – ihr
Anhaltspunkt dafür war der «Drehpunkt» Ich: von ihm aus verfolgte sie
sein «Wechselspiel» mit den anderen Vorgegebenheiten, Notwendigkeiten, Chancen und Begrenzungen des sich unablässig entwickelnden Totals. Dadurch hatte Anna Freud zugleich eine Methode gefunden, das

Seelische in seinem Hin und Her aufzuschlüsseln; die Methode zentrierte sich um die Mechanismen, die verständlich machen können, wie sich ein inneres Maß für die Balance der Kräfte in ganzen Entwicklungs-Bildern zum Ausdruck bringt.

Weil sie systematisch befragt, was «lebenswichtig» für das Seelische ist – das ist eben seine Entwicklung –, wird das Konzept von Anna Freud zu einem Muster psychologischen Denkens, mit allen Konsequenzen. Sie bildet den «klassischen» Ansatz der Psychoanalyse weiter; gegen die «Anarchie» von Psychoanalytikern, die meinen, man könne an Einzelteilen eines Systems etwas Neues herausspekulieren. Anna Freud wußte, daß es immer auf Systeme im ganzen ankommt: entweder in dem einen bleiben oder sich entschieden einem anderen Konzept zuwenden. Für sie selbst erhielt sich im Entwicklungs-Denken ihrer Psychologie die «Metapsychologie» von Sigmund Freud, mit der er die Verwandlungen des Seelischen auf einen Nenner zu bringen suchte. Der «einfache» Kern dieser Metapsychologie war die Entwicklung des seelischen Ganzen im Wechselspiel zwischen «irrationaler» Triebbefriedigung und den «vernünftigen» Kultivierungsversuchen eines Ich, das den ganzen Organismus am Leben halten will.

Entscheidend für unser psychologisches Verstehen wird dabei, daß Anna Freud das Eigenleben der verschieden gearteten Werke, die im Verlauf der Entwicklung den Umgang mit der Wirklichkeit organisieren, ins Zentrum ihrer psychologischen Auslegung stellte. Die Analyse der Entwicklung zeigt, daß sich in der Reihenfolge der kindlichen Werke jeweils ein anderes Bild von der Welt, den Menschen, den eigenen Regungen und Wertungen zum Ausdruck bringt. Verstehen läßt sich Seelisches nur, wenn wir uns auf die Vielfalt dieser «Welten» einlassen können. Daher wird die «Kinderanalyse», die dem ganzen Entwicklungsweg und seinen Umstrukturierungen folgt, grundlegend auch für das psychologische Verstehen von Erwachsenen.

Nur indem wir das System in der Entwicklung begreifen, können wir «Klinische Psychologie» betreiben. Das Erlernen «psychologischen Denkens» geht dem Erlernen von Behandeln-Können notwendig voraus. Für Anna Freud sind es dementsprechend vor allem Struktur-Konflikte, die sich erfolgversprechend behandeln lassen. So bleibt der Ödipus-Konflikt ein entscheidender Anhaltspunkt für die Behandlung von Neurosen. Denn von einem bestimmten geschichtlichen Zeitpunkt an trägt allein die Bildung einer «inneren Struktur» – Spannungen, Polarität, Gegenbewegungen – die «Arbeit» der Entwicklung voran. Hier wie überhaupt drängt Anna Freud darauf, sich der Begrenzungen unserer Einsicht und unseres Handelns bewußt zu bleiben – sie wendet sich stets gegen einen unangebrachten therapeutischen Optimismus.

Anna Freud fand, ihr Lebenslauf sei *ungewöhnlich, von einer Art, wie ihn keine anständige Universität zweimal ansieht.* Als *persönliche Bemerkung* hat sie der eigenen Darstellung ihres Lebenslaufs angefügt: *Wenn*

121

ich in meiner Jugend, wie es bei jungen Mädchen so häufig geschieht, mit meinem Aussehen nicht zufrieden war, pflegte ich mich mit dem damals in Wien geläufigen Satz zu trösten: «Ab einem bestimmten Alter bekommt jede Frau das Gesicht, das sie verdient», das heißt ein Gesicht, wie sie selbst es sich schafft. Dieser Satz läßt sich auch auf die Arbeit des Psychoanalytikers übertragen. Ich glaube, daß jeder Analytiker ab einem bestimmten Alter und Punkt seiner Laufbahn den Typus von Arbeit schafft, den er verdient. Das hat Anna Freud geschafft, und sie wußte es auch: *Ich für meinen Teil bin vom Schicksal gut behandelt worden* – und dann schließt sie den Satz – *und habe mehr empfangen, als ich verdiente.*[260]

Anmerkungen

1 S. Freud, Brief an Wilhelm Fließ vom 20. 10. 1895, in: Aus den Anfängen der Psychoanalyse, 1887–1902, Briefe an Wilhelm Fließ, Frankfurt/M. 1962, S. 115.
2 S. Freud, Brief an Fließ vom 3. 12. 1895, a. a. O., S. 120.
3 S. Freud, Brief an Fließ vom 25. 5. 1895, a. a. O., S. 107.
4 S. Freud, Entwurf einer Psychologie, in: Aus den Anfängen der Psychoanalyse, 1887–1902, Frankfurt/M. 1962, S. 297 ff.
5 S. Freud, Über Psychoanalyse. Fünf Vorlesungen, G. W., Bd. VIII, S. 41 ff.
6 S. Freud, Brief an Fließ vom 20. 10. 1895, a. a. O., S. 115.
7 S. Freud, Brief an Fließ vom 29. 11. 1895, a. a. O., S. 119.
8 P. Roazen, Sigmund Freud und sein Kreis. Eine biographische Geschichte der Psychoanalyse, Berg. Gladbach 1976, S. 421.
9 S. Freud, Brief an Lou Andreas-Salomé vom 16. 5. 1935, in: Sigmund Freud – Lou Andreas-Salomé Briefwechsel, Frankfurt/M. 1966, S. 226.
10 S. Freud, Brief an Fließ vom 16. 1. 1899, a. a. O., S. 235 und Brief an Fließ vom 3. 7. 1899, a. a. O., S. 245.
11 I. Hellman, in: E. Laible, Anna Freud – Von der Arbeit ihres Lebens, 1895–1982, in: Studien zur Kinderpsychoanalyse 1982, Jb. II., hrsg. von der österreichischen Studiengesellschaft für Kinderpsychoanalyse, S. 18.
12 S. Freud, Brief an Fließ vom 27. 6. 1899, a. a. O., S. 244.
13 Schriften Bd. I, S. 170 ff.
14 U. H. Peters, Anna Freud. Ein Leben für das Kind, München 1979, S. 25.
15 M. Freud, Glory Reflected: Sigmund Freud – Man and Father, London 1957, S. 27, S. 39, S. 44 und S. 67.
16 Brief an M. Gardiner, in: Bull. Hampstead Clin., Anna Freud 1895–1982, Vol. 6, Part 1, 1983, S. 64.
17 U. H. Peters, a. a. O., S. 41 f.
18 Mitteilung von W. E. Freud; s. a.: Schriften Bd. I, S. 313 ff.
19 Gespräche mit Anna Freud.
20 R. Besser, Leben und Werk von Anna Freud, Diss. Mainz 1976, S. 9 f.
21 P. Roazen, a. a. O., S. 65.
22 Ebda, S. 75.
23 Ebda, S. 74.
24 U. H. Peters, a. a. O., S. 42.
25 K. R. Eissler, Sigmund Freud und die Wiener Universität, Bern 1966.
26 U. H. Peters, a. a. O., S. 40.
27 E. Jones, Das Leben und Werk von Sigmund Freud, in 3 Bdn., Bern 1960, Bd. II: 1962, S. 27.

28 Ebda, S. 73 ff.
29 Brief an J. Goldstein vom 2.10.1975, in: Bull. Hampstead Clin., Vol. 6, Part 1, 1983, S. 31.
30 S. Freud, Totem und Tabu, G. W., Bd. IX.
31 U. H. Peters, a. a. O., S. 43.
32 S. Freud, Das Motiv der Kästchenwahl, G. W., Bd. X, S. 24 ff.
33 U. H. Peters, a. a. O., S. 41 und ders., Vorwort zur gleichnamigen veränderten Ausgabe, Frankfurt/M. 1984, S. 13.
34 Schriften Bd. VII, S. 2095.
35 S. Freud, Brief an Anna Freud vom 28. 11. 1912, in: Briefe 1873–1939, hrsg. von E. L. Freud und L. Freud, Frankfurt/M. 1960, S. 293.
36 H. F. Peters, Lou – das Leben der Lou Andreas-Salomé, München 1964, S. 271: Lou Andreas-Salomé im Freundeskreis: Als sie einmal beim Stricken war, erklärte jemand: «Lou scheine sich einem durch die Bewegung der Stricknadeln symbolisierten ununterbrochenen Koitus hinzugeben.»
37 Schriften Bd. I, S. 141 ff.
38 J. Varendonck, Über das vorbewußte phantasierende Denken. Intern. Psa. Bibliothek, Bd. XII, Intern. Psa. Verlag Leipzig/Wien/Zürich 1922.
39 Schriften Bd. IX, S. 2431.
40 Schriften Bd. I, S. 141 ff.
41 S. Freud, Brief an A. Freud vom 28. 11. 1912, in: Briefe 1873–1939, a. a. O., S. 293.
42 E. Jones, a. a. O., Bd. II, S. 125.
43 S. Freud, Brief an Sandor Ferenczi vom 7.7.1913, in: Briefe, a. a. O., S. 298.
44 U. H. Peters, a. a. O., S. 47.
45 E. Jones, a. a. O., Bd. II, S. 209. M. Schur, Sigmund Freud – Leben und Sterben, Frankfurt/M. 1973, S. 344.
46 R. Besser, a. a. O., S. 9.
47 Schriften Bd. X, S. 2809.
48 Mitteilung von Dr. I. Hellman.
49 W. E. Freud, in: Bull. Hampstead Clin., Vol. 6, Part 1, 1983, S. 7.
50 R. Besser, a. a. O., S. 9.
51 U. H. Peters, Anna Freud – Ein Leben für das Kind, Vorwort zur veränderten Ausgabe, Frankfurt/M. 1984, S. 13.
52 Schriften Bd. VII, S. 2094.
53 R. Besser, a. a. O., S. 27.
54 Mitteilung von W. E. Freud und P. Fichtl.
55 P. Heller und G. Bittner (Hrsg.), Eine Kinderanalyse bei Anna Freud (1929–1932), Würzburg 1983, S. 11 f.
56 Schriften Bd. I, S. 72.
57 J. W. v. Goethe, Dichtung und Wahrheit, in: Goethes Werke, Bd. VIII, Stuttgart 1952, S. 13.
58 S. Freud, G. W., Bd. XII, S. 9.
59 W. McDougall, Psycho-Analysis and Social Psychology, London 1935, S. 17.
60 Schriften Bd. VII, S. 2094.
61 Schriften Bd. I, S. 141 ff.
62 Brief A. Freuds an M. Gardiner vom 8.4.1963, in: Bull. Hampstead Clin., Vol. 6, Part 1, 1983, S. 63 f.
63 Schriften Bd. VII, S. 2090 ff.
64 Schriften Bd. I, S. 9 ff.

65 Schriften Bd. VI, S. 1857.
66 H. Hug-Hellmuth, Zur Technik der Kinderanalyse, in: Intern. Z. f. Psa., 7, 1921, S. 179ff.
67 M. Klein, Eine Kinderentwicklung, in: Imago, Bd. VII, 1921.
68 S. Freud, Analyse der Phobie eines fünfjährigen Knaben, G. W., Bd. VII, S. 243ff.
69 Schriften Bd. I, S. 3.
70 Schriften Bd. VIII, S. 2127f.
71 R. Besser, a. a. O., S. 26f.
72 E. Jones, a. a. O., Bd. III, S. 114.
73 J. Lampl-de Groot, in: Bull. Hampstead Clin., Vol. 6, Part 1, 1983, S. 55.
74 E. Jones, a. a. O., Bd. III, S. 114f. und M. Schur, Sigmund Freud – Leben und Sterben, a. a. O., S. 419.
75 J. Lampl-de Groot, in: Bull. Hampstead Clin., a. a. O., S. 55f.
76 s. Anna Freud, Pioneer in the Study of Children's Emotions, Dies at 86, Nachruf von Alden Whitman, in: Intern. Herald Tribune, 11. 10. 1982.
77 P. Roazen, a. a. O., S. 434.
78 S. Freud, Brief an L. Andreas-Salomé vom 6. 1. 1935, in: S. Freud – L. Andreas-Salomé Briefwechsel, a. a. O., S. 222.
79 Mitteilung von Dr. J. Lampl-de Groot.
80 R. Ekstein, Wie ich mich an sie erinnere, in: S. Freud House Bulletin, Vol. 6/No. 2, 1982. C. Elliott, in: Ruth Gorb, Anna Freud's Legacy. The Opening of the inner Eye, in: HAM & HIGH, 19. 11. 1982, S. 18. H. Leupold-Löwenthal, Eine Epoche ist zu Ende gegangen, in: profil, 18. 10. 1982, S. 68f.
81 R. Besser, a. a. O., S. 40ff.
82 S. Freud, Brief an Arnold Zweig vom 8. 5. 1932, in: S. Freud – A. Zweig – Briefwechsel, Frankfurt/M. 1968, S. 51.
83 Schriften Bd. I, S. 4f.
84 Ebda.
85 W. E. Freud, in: Bull. Hampstead Clin., Vol. 6, Part 1, 1983, S. 5ff.
86 Schriften Bd. I, S. 17f.
87 Mitteilung von Dr. J. Lampl-de Groot.
88 P. Heller und G. Bittner (Hrsg.), a. a. O., S. 297.
89 M. Friedmann, in: Bull. Hampstead Clin., Vol. 6, Part 1, 1983, S. 103.
90 U. H. Peters, a. a. O., S. 77f.; im Nachlaß von Anna Freud fanden sich 217 Briefe und Mitteilungen von Lou Andreas-Salomé.
91 P. Heller und G. Bittner (Hrsg.), a. a. O., S. 8.
92 Mitteilung von T. Maresh.
93 L. Binswanger, Erinnerungen an Sigmund Freud, Bern 1956, S. 103f., s. P. Roazen, a. a. O., S. 431.
94 P. Heller und G. Bittner (Hrsg.), a. a. O., S. 14ff.
95 Mitteilung von Dr. J. Stross.
96 Nachlaß Anna Freud.
97 J. Lampl-de Groot, in: Bull. Hampstead Clin., Vol. 6, Part 1, 1983, S. 58.
98 P. Roazen, a. a. O., S. 429.
99 Ebda, S. 406ff.
100 Brief an E. Jones vom 14. 2. 1954, s. a.: P. Roazen, a. a. O., S. 421.
101 P. Roazen, a. a. O., S. 441ff.
102 Mitteilung von Dr. I. Hellman.

103 P. R. Hofstätter, Antigone und Kaiser Napoleon, in: Die Welt, 11. 10. 1982.

104 P. Roazen, a. a. O., S. 301.

105 P. Roazen, a. a. O., S. 39 und S. 246. E. Jones, Free Associations: Memories of a Psycho-Analyst, New York 1959, S. 205.

106 E. Jones, a. a. O., Bd. III, S. 117 f.

107 Ebda, S. 120.

108 Mitteilung von W. E. Freud.

109 U. H. Peters, a. a. O., S. 64.

110 E. Jones, a. a. O., Bd. III, S. 146.

111 Ebda, S. 184.

112 S. Freud, Die Frage der Laienanalyse, G. W., Bd. XIV, S. 227 ff.

113 Ebda, S. 283.

114 S. Freud, Die Frage der Laienanalyse, a. a. O.

115 Gespräche mit Anna Freud.

116 Schriften Bd. X, S. 2829.

117 Schriften Bd. VIII, S. 2165.

118 s. W. Salber, Entwicklungen der Psychologie Sigmund Freuds, Bd. III, Bonn 1974.

119 Schriften Bd. I, S. 9 ff.

120 Schriften Bd. VIII, S. 2155 f.

121 Schriften Bd. I, S. 8.

122 Ebda, S. 68 ff.

123 Ebda, S. 44.

124 Ebda, S. 59 ff.

125 E. Jones, a. a. O., Bd. III, S. 235.

126 Ebda, S. 166 f.

127 U. H. Peters, a. a. O., S. 198, und P. Roazen, a. a. O., S. 388.

128 J. Bowlby, Recollections of Anna Freud, Brief vom 10. 6. 1983.

129 Mitteilung von Dr. J. Lampl-de Groot.

130 Schriften Bd. I, S. 181.

131 P. Heller und G. Bittner (Hrsg.), a. a. O.

132 Ebda, S. 128 f.

133 Schriften Bd. I, S. 306 ff.

134 Gespräche mit Anna Freud.

135 Schriften Bd. I, S. 217 f.

136 Ebda, S. 235 ff.

137 S. Freud, Die Traumdeutung, G. W., Bd. II und Bd. III.

138 S. Freud, Hemmung, Symptom und Angst, G. W., Bd. XIV, S. 111 ff.

139 S. Freud, Analyse der Phobie eines fünfjährigen Knaben, a. a. O.

140 Schriften Bd. X, S. 2841.

141 Schriften Bd. I, S. 279 ff.

142 S. Freud, Brief an L. Andreas-Salomé vom 6. 1. 1935, a. a. O., S. 222.

143 E. Jones, Rezension von: «Das Ich und die Abwehrmechanismen», in: Intern. Z. f. Psa., 22, 1936, S. 595 f.

144 R. Besser, a. a. O., S. 86.

145 Gespräche mit Anna Freud.

146 U. H. Peters, a. a. O., S. 220 f.

147 Schriften Bd. I, S. 233 ff.

148 U. H. Peters, a. a. O., S. 198.

149 Ebda, S. 229.

150 S. Freud, Brief an Martin Freud vom 16.8.1937, in: Briefe 1873–1939, a. a. O., S. 430.

151 S. Freud, Der Mann Moses und die monotheistische Religion, G. W., Bd. XVI.

152 R. W. Clark, Sigmund Freud, Frankfurt/M. 1981, S. 570 und 574.

153 Mitteilung von W. E. Freud.

154 E. Jones, a. a. O., Bd. III, S. 268 und M. Freud, Glory Reflected, a. a. O., S. 217.

155 P. Roazen, a. a. O., S. 496.

156 E. Jones, a. a. O., Bd. III, S. 290.

157 Gespräche mit Anna Freud.

158 P. Roazen, a. a. O., S. 188 und S. 207.

159 E. Jones, a. a. O., Bd. II, S. 179f.; P. Roazen, a. a. O., S. 248; C. G. Jung, Erinnerungen, Träume, Gedanken, hrsg. von A. Jaffé, Zürich 1961, S. 161.

160 s. Vorwort der Herausgeber der Gesammelten Werke Sigmund Freuds, in: G. W., Bd. I, S. V ff.

161 P. Roazen, a. a. O., S. 510.

162 Schriften Bd. I, S. 5f.

163 P. Roazen, a. a. O., S. 512.

164 Schriften Bd. II, S. 385f.

165 Ebda, S. 399f.

166 Ebda, S. 455.

167 R. A. Spitz, Hospitalism, in: The Psa. Study of the Child, Vol. 1, 1945, S. 53ff.

168 Mitteilung von G. Dann.

169 Mitteilung von Dr. I. Hellman.

170 Mitteilung von S. Dann.

171 Infants Without Families: The Case For and Against Residential Nurseries (mit D. Burlingham), London 1943.

172 Mitteilung von G. Dann.

173 An Experiment in Group Upbringing (mit S. Dann), in: The Psa. Study of the Child, Vol. 6, 1951, S. 127ff.

174 Schriften Bd. III, S. 897ff.

175 P. Roazen, a. a. O., S. 462ff.

176 J. Bowlby, Recollections of Anna Freud, Brief vom 10.6.1983.

177 P. Roazen, a. a. O., S. 34.

178 R. Besser, a. a. O., S. 125.

179 K. R. Eissler, in: J. Malcolm, Annals of Scholarship. Troubles in the Archives – I., in: The New Yorker, 5.12.1983, auch Marilyn Monroe spendete für die Hampstead-Clinic.

180 U. H. Peters, a. a. O., S. 11f. Bei einer von A. A. Rogow veröffentlichten Umfrage unter Psychiatern und Psychoanalytikern nach den hervorragend-sten Kollegen wurde Anna Freud am häufigsten genannt, s.: A. A. Rogow, The Psychiatrists, London 1971, S. 109f.

181 Gespräche mit Anna Freud.

182 Gespräche mit Anna Freud.

183 Schriften Bd. IV, S. 1286: Hinweis auf W. Hoffers Film aus den Hampstead Nurseries über «Ernährungsprozesse» (1942/1943)

184 S. Freud, Über Psychoanalyse. Fünf Vorlesungen, a. a. O.

185 P. Roazen, a. a. O., S. 372, s. E. Jones, Free Associations: Memories of a Psycho-Analyst, a. a. O.

186 S. Freud, Über Psychoanalyse. Fünf Vorlesungen, a. a. O.
187 Schriften Bd. IV, S. 1107 ff.
188 D. Rapaport, Emotions and Memory, New York 1950 und ders., The Structure of Psychoanalytical Theory: A Systematizing Attempt, in: Psychology: A Study of a Science. Study I. Conceptual and Systematic. Vol. 3. Formulations of the Person and the Social Context, hrsg. Von S. Koch, New York 1959.
189 Briefe an P. Fichtl.
190 Ebda.
191 Anna Freud selbst gibt als Gründungsjahr 1951 an, s.: Schriften Bd. IV, S. 1627.
192 E. Jones, a. a. O., Bd. I, Vorwort; P. Roazen, a. a. O., S. 35 f.
193 K. R. Eissler, in: J. Malcolm, Annals of Scholarship ..., a. a. O.
194 s. J. Bolland, J. Sandler u. a., The Hampstead Psychoanalytical Index, New York 1965.
195 U. H. Peters, a. a. O., S. 346.
196 R. Besser, a. a. O., S. 122 und S. 128.
197 Mitteilung von T. Maresh.
198 s. J. Robertsons Film «Eine Zweijährige geht ins Krankenhaus» (s. Schriften Bd. IV, S. 1275 ff.) sowie R. A. Spitz: «Trauer» (1947), M. Fries: «Eine Charakterneurose mit depressiven und zwangsneurotischen Zügen im Werden: Marys Lebensgeschichte von der Geburt bis zum Alter von 15 Jahren» (1950).
199 Gespräche mit Anna Freud.
200 Schriften Bd. IX, S. 2431 ff.
201 s. Publikationsgeschichte der Schriften Anna Freuds, in: Schriften Bd. X, S. 2943 ff.
202 Schriften Bd. VIII, S. 2123.
203 Ebda, S. 2128.
204 Ebda, S. 2136.
205 Ebda, S. 2146.
206 Ebda, S. 2167 ff.
207 Schriften Bd. IX, S. 2386.
208 Ebda, S. 2399 ff.
209 Schriften Bd. X, S. 2679.
210 Schriften Bd. IV, S. 1130.
211 Schriften Bd. X, S. 2641.
212 Ebda, S. 2683.
213 Ebda, S. 2653 ff.
214 Ebda, S. 2730 ff.
215 Ebda, S. 2738.
216 Ebda, S. 2747.
217 Ebda, S. 2753.
218 Schriften Bd. VII, S. 1931.
219 Schriften Bd. V, S. 1588.
220 Schriften Bd. IV, S. 1132.
221 Schriften Bd. VIII, S. 2334 f.
222 S. Freud, Abriß der Psychoanalyse, G. W., Bd. XVII, S. 63 ff.
223 G. Dann, in: Bull. Hampstead Clin., Vol. 6, Part 1, 1983, S. 74.
224 Mitteilung von Dr. I. Hellman.
225 Brief von S. Freud an S. Ferenczi vom 17. 11. 1911, s. E. Jones, a. a. O., Bd. II, S. 203 und P. Roazen, a. a. O., S. 178.

226 Schriften Bd. VI, S. 1796.
227 Ebda, S. 1643.
228 Schriften Bd. IX, S. 2489 f.
229 C. Yorke, in: Bull. Hampstead Clin., Vol. 6, Part 1, 1983, S. 13.
230 J. W. v. Goethe, Dichtung und Wahrheit, a. a. O., S. 782.
231 Bull. Hampstead Clin., Vol. 6, Part 1, 1983.
232 M. Friedmann, in: Bull. Hampstead Clin., Vol. 6, Part 1, 1983, S. 102 ff.
233 Schriften Bd. IX, S. 2573.
234 Mitteilung von W. E. Freud.
235 R. Wallerstein, in: Bull. Hampstead Clin., Vol. 6, Part 1, 1983, S. 95.
236 M. Friedmann, a. a. O., S. 102.
237 Gespräche mit Anna Freud.
238 Mitteilung von T. Maresh.
239 Gespräche mit Anna Freud.
240 Mitteilung von T. Maresh.
241 Mitteilung von W. E. Freud.
242 Gespräche mit Anna Freud.
243 Schriften Bd. IX, S. 2381 ff.
244 R. Besser, a. a. O., S. 148.
245 Ebda, S. 148 f.
246 U. H. Peters, a. a. O., S. 353.
247 Ebda, S. 361.
248 H. Argelander, in: Bull. Hampstead Clin., Vol. 6, Part 1, 1983, S. 42.
249 Mitteilung von Dr. J. Stross.
250 Mitteilung von Dr. J. Lampl-de Groot.
251 W. E. Freud, in: Bull. Hampstead Clin., Vol. 6, Part 1, 1983, S. 8.
252 Mitteilung von Dr. I. Hellman.
253 I. Grubrich-Simitis, Im Zeichen des Vaters, in: FAZ Nr. 235, 11. 10. 1982, S. 25. J. Sandler, Nachruf, in: European Psychoanalytic Federation, Psychoanalysis in Europe, Bull. 19, 1982, S. 1.
254 Brief an M. Gardiner 1977, in: Freud's brave Daughter, in: Observer vom 10. 9. 1982.
255 Gespräche mit Anna Freud.
256 A. Colonna, in: Bull. Hampstead Clin., Vol. 6, Part 1, 1983, S. 99 f.
257 Mitteilung von Dr. J. Stross.
258 J. Goldstein, in: Bull. Hampstead Clin., Vol. 6, Part 1, 1983, S. 25 ff.; s. In the Best Interests of the Child.
259 Gespräche mit Anna Freud.
260 Schriften Bd. VII, S. 2095.

Zeittafel

1895	Anna Freud geboren am 3. Dezember in Wien, Berggasse 19; als sechstes (letztes) Kind des Privatdozenten Sigmund Freud, der am «Entwurf einer Psychologie» arbeitet
ab 1901	Volksschule – Cottage Lyzeum (Privatschule von Dr. S. Goldmann); sehr gute Schülerin
1911 ·	Matura; Silberne Hochzeit ihrer Eltern; Ausbildung als Lehrerin (Abschlußprüfung 1914)
Ende 1912	Fünfmonatiger Meran-Aufenthalt; anschließend Reise mit Sigmund Freud in Italien
1914	Reise nach England
1915–1920	Lehrertätigkeit; 1917 2. Lehrerexamen; 1917–1920 Tätigkeit am Cottage Lyzeum; Besuch der Vorlesungen von Sigmund Freud
1918	Analyse bei Sigmund Freud (bis 1921); Teilnahme an Sitzungen der Wiener Psychoanalytischen Vereinigung; Teilnahme am Internationalen Psychoanalytischen Kongreß in Budapest
1920	Eintritt in die englische Abteilung des Psychoanalytischen Verlages; Komitee-Ring von Sigmund Freud erhalten; Kongreßteilnahme in Den Haag
1922	31. Mai Vortrag über *Schlagephantasie und Tagtraum* – 13. Juni Mitglied der Wiener Psychoanalytischen Vereinigung; Kongreßteilnahme in Berlin (letzter Kongreß mit Sigmund Freud); Übersetzung von Varendoncks «Day-Dreaming»
1923	Eigene Praxis; Sigmund Freud erkrankt an Krebs; Beginn der Arbeit mit Kindern
1924	In Old Guard Komitee (für Otto Rank) aufgenommen; Sekretärin des Lehrinstituts Wien
1925	Teilnahme an Homburger Kongreß; Anna Freud verliest Sigmund Freuds Arbeit «Einige psychische Folgen des anatomischen Geschlechtsunterschieds»
1926	Auseinandersetzung um «Problem der Laienanalyse»; Einführungskurs für Pädagogen; Sekretärin der Internationalen Psychoanalytischen Vereinigung
1927	*Einführung in die Technik der Kinderanalyse*; Auseinandersetzung mit Melanie Klein; «Symposium on Child Analysis»
1928	Dorothy Burlingham zieht in die Berggasse 19 um; Vorträge vor Wiener Horterziehern
1930	*Einführung in die Psychoanalyse für Pädagogen*; Goethepreis für Sigmund Freud durch Anna Freud in Empfang genommen; Anna

	Freud vertritt Sigmund Freud beim Begräbnis seiner Mutter; Erwerb von Hochrotherd
1931	Sekretärin der Wiener Psychoanalytischen Vereinigung
1932	Mitarbeit an der Erziehungsberatungsstelle des Wiener Ambulatoriums
1936	*Das Ich und die Abwehrmechanismen* – Präsent zu Sigmund Freuds 80. Geburtstag
1937	Leitung der «Jackson Nurseries» (Vorkindergarten), gemeinsam mit Dorothy Burlingham und Dr. J. Stross
1938	Einmarsch der deutschen Truppen in Österreich (11. März); 22. März: Vernehmung durch die Gestapo; 4. Juni: Ausreise nach England; Eintritt in den Lehrausschuß der Britischen Psychoanalytischen Gesellschaft; Teilnahme am 15. Internationalen Kongreß in Paris; ab 27. September 1938 Wohnung in Maresfield Gardens
1939	Kriegsbeginn; Sigmund Freud stirbt am 23. September
1940–1945	Hampstead War Nurseries – Annual Reports; Herausgeber der Gesammelten Werke von Sigmund Freud
1942	*Kriegskinder* (dt. Ausgabe 1949); *Anstaltskinder* (dt. Ausgabe 1950)
1944	Generalsekretärin der Internationalen Psychoanalytischen Vereinigung
1945	Herausgeber von «The Psychoanalytic Study of the Child»
1947	Beginn der Hampstead Courses (mit Kate Friedländer) zur Ausbildung von Kinderanalytikern
1949	Rücktritt als Generalsekretärin der Internationalen Psychoanalytischen Vereinigung auf dem 16. Internationalen Kongreß in Zürich
1950	Erste Amerika-Reise, Dr. h. c. (LL.D.) der Clark University; zwölf Vortragsreisen in den folgenden zwei Jahrzehnten
1951	Martha Freud stirbt am 2. November
1952	Angliederung einer Kinderklinik an die Hampstead-Klinik
1955	Ehrenmitgliedschaft der New Yorker Psychoanalytischen Gesellschaft; Ehrenmitgliedschaft der Niederländischen Vereinigung für Psychiatrie und Neurologie
1956	Hundertjahrfeiern für Sigmund Freud; Gedenktafel vor Anna Freuds Haus in 20 Maresfield Gardens
1964	Dr. h. c. (Sc.D.) des Jefferson Medical College in Philadelphia
1965	Dolly Madison Award, New York; zum 70. Geburtstag: *Normality and Pathology in Childhood* (dt. Ausgabe *Wege und Irrwege in der Kinderentwicklung* 1968)
1966	Dr. h. c. (LL.D.) der Universität Sheffield, England; Dr. h. c. (Sc.D.) der Universität von Chicago
1967	Commander of the British Empire
1968	Dr. h. c. (Sc.D.) der Yale University in New Haven; *The Writings* von Anna Freud beginnen zu erscheinen (dt. Ausgabe 1980)
1971	Erster Besuch in Wien nach dem Krieg; Errichtung des Freud-Museums
1972	Ehrendoktor der medizinischen Fakultät der Universität Wien
1973	Ehrenpräsidentin der Internationalen Psychoanalytischen Vereinigung
1975	Ehrenzeichen für Verdienste um die Republik Österreich

1978	Dritte Reise nach Wien; Dr. h. c. (Sc.D.) der Columbia University; Fellow of the Royal Society of Medicine in London
1980	Dr. h. c. (Sc.D.) der Harvard University, Cambridge, USA
1981	Dr. h. c. (Dr. phil.) der Johann Wolfgang Goethe Universität in Frankfurt a. M.
1982	Schlaganfall am 1. März; Anna Freud stirbt am 8. Oktober

Zeugnisse

Lou Andreas-Salomé
Ich habe solange nichts gehört, weil die elende nichtswürdige Anna seit vor ihrer Berliner Reise nichts mehr berichtete, wofür ich sie aus meinem sogenannten Herzen ausstieß: aber es macht wenig aus, da sie beim Auszug das kleine Buch [*Einführung in die Technik der Kinderanalyse*] drinlassen mußte, und da hat sie einen feinen Vertreter für und für! Mit immer der gleichen Freude les' ich darin, und Ihnen wird diese gedruckte Anna dieselbe Freude gewesen sein. Daß sie nun auch noch auf ihrem speziellsten Gebiet so einen blühenden Zweig aus dem starken Grund-Ast hervortreibt, ist wirklich prachtvoll, *sich so* zur Tochter zu machen: das ist was!
Brief an Sigmund Freud vom 4. Mai 1927.
In: Sigmund Freud – Lou Andreas-Salomé Briefwechsel.
Frankfurt a. M. 1966. S. 179 f

Sigmund Freud
Was an mir noch erfreulich ist, heißt Anna. Bemerkenswert, wieviel Einfluß und Autorität sie unter der analytischen Menge gewonnen hat, – leider viele davon von der Analyse wenig veränderter Menschenstoff. Überraschend auch, wie scharf, klar und unbeirrbar sie den Stoff bewältigt, wirklich unabhängig von mir, höchstens katalytisch dirigiert. Sie werden sich freuen, wenn Sie ihre nächsten Arbeiten lesen. Natürlich gibt es manche Sorgen, sie macht es sich zu schwer, was wird sie anfangen, wenn sie mich verloren hat, ein Leben in asketischer Strenge?
Brief an Lou Andreas-Salomé vom 6. Januar 1935.
In: Sigmund Freud – Lou Andreas-Salomé Briefwechsel.
Frankfurt a. M. 1966. S. 222

Ernst Kris
Das *Neue* in der Psa. – wenn ich von den großen frühen Funden *Freuds* absehe – stammt oft aus einer Änderung im Beobachtungsmaterial ... Aber, was dieses Buch leistet, ist nicht durch den Wechsel im Beobachtungsmaterial gewonnen, sondern durch eine – stille – Veränderung des zweiten Konstanzfaktors, der *Beobachtungsart* ... Aus dem Buche von

A. F. spricht eine Art der Beobachtung, die zunächst – ganz allgemein gesagt – detailreicher, eingehender ist als die bisher gewohnte; sie geht in höherem Maße von der Oberfläche aus … Das Verständnis für die Arbeitsweise des psychischen Apparates bildet die Grundlage der Darstellung, die in diesem Buche von den Abwehrmechanismen des Ichs gegeben sind. Man lese in A. F.s Buch eine beliebige Schilderung eines «Verhaltens», etwa die des kleinen Buben nach dem Besuch beim Zahnarzt … und achte darauf, wie die Erklärung, die Einsicht in die «Identifizierung mit dem Angreifer», das Ganze des Verhaltens umgreift … Das Verständnis für die symbolische Bedeutung dieser Handlung, das Verständnis dafür, daß die Kastrationsangst hier durch die für das Spiel typische Übernahme der Aktivität erledigt wird, hat nie gefehlt. Aber daß es sich hier um eine bestimmte, vom Motor der Identifizierung betriebene *allgemeine* Abwehrmethode des Ichs handelt, *die nicht hier allein geübt* wird, die Einsicht in ihre Verbreitung und ihren Charakter, ist ein Gewinn des neuen Standpunktes. Voraussetzung einer solchen Erklärung ist eine genaue Beobachtung, die das psychische Geschehen als Kontinuum, in einem größeren Zusammenhang zu überblicken sucht.

Zu: «Das Ich und die Abwehrmechanismen».
In: Intern. Zeitschrift f. Psa., Bd. XXII, 1936, S. 611 f
[Hervorhebungen wie im Originaltext]

Uwe Henrik Peters
Zunächst stellt sich die Frage, in welcher Tradition Anna Freud steht und wie sie mit dieser umgegangen ist. Ist sie eine Traditionalistin? Ist sie eine Idealistin? Eine große Frauengestalt? Eine Epigonin? Die folgsame Tochter ihres Vaters? … Wer also Anna Freud eine Realistin nennt, dürfte immer im Recht sein und wohl auch ihre eigene Zustimmung finden. Immerhin sei hier noch einmal eine Anmerkung darüber eingefügt, daß es eine Frau ist, die hier als Rationalistin bezeichnet wird, eine Frau, die ihr Leben zum allergrößten Teil dem Wohle von Kindern geweiht hat. Gerade bei solchen Frauen erwartet man in unserer Kultur nicht in erster Linie das Rationale. Anna Freud stellt insofern eigentlich etwas dar, was die Feministinnen erstreben: selbständig im Denken, unabhängig vom Mann, respektiert, geachtet bei Frauen und Männern gleichermaßen. Dennoch kann sich keine Feministin auf sie berufen, deren Bestrebungen steht sie fern. Nie hat sie versucht, sich gegen Männer zu behaupten oder durchzusetzen, und trotzdem ist sie stets von ihnen respektiert worden. Und trotz ihres intimen Umgangs mit Kindern lehnt sie es ab, als «große Mutter» verehrt zu werden. Sie bleibt «Miss Freud».

Aber lassen sich Kraft und Ausdauer, wodurch sie ein unglaublich hohes Maß von Leistung bis ins höchste Alter hinein vollbringt, allein aus dem Rationalen heraus erklären? Es war noch nie die Vernunft, die Berge versetzt hat. Diese Kraft kann eigentlich nur aus dem Irrationalen kommen ... Ihre Kraft gilt also der Erklärung des Unerklärlichen. Daher ist die Idealistin Anna Freud wahrscheinlich bedeutsamer als die Realistin. Aber sie bekennt sich zu Idealen nur insoweit, als sie sich auch realisieren lassen.

«Anna Freud. Ein Leben für das Kind». München 1979. S. 358f

E. C. M. Frijling-Schreuder

Anna Freud schreibt über die schwierigsten Probleme der psychoanalytischen Technik so lebendig, als befänden wir uns direkt in ihrem Arbeitszimmer. Auf Grund ihrer großen Erfahrung mit Kindern kennt sie den Entwicklungsprozeß wie kaum ein anderer, was sie befähigt, auch die rekonstruierten Kindheiten in Erwachsenenanalysen lebendiger aufzufassen, als das vielleicht manchem anderen möglich ist.

Zu: «Writings of Anna Freud».
In: Psyche, Bd. 31, 2; 1977, S. 1144

Harald Leupold-Löwenthal

Sie war ein höchst wichtiges und wirksames Über-Ich in der internationalen Psychoanalyse. Allzu wildes Theoretisieren vermochte sie in Diskussionen in einer unnachahmlich einfachen und klaren Art durchaus energisch abzutun, mit spekulativen Unsinnigkeiten, die geeignet schienen, der Psychoanalyse zu schaden, da sie völlig den Boden der realen klinischen Erfahrung verlassen hatten, hat sie aber nie sehr viel Geduld gezeigt.

«Eine Epoche ist zu Ende gegangen. Nachruf zum Tod Anna Freuds».
In: «Profil», Oktober 1982

Ilse Grubrich-Simitis

Dank Anna Freuds Lebenswerk, das in manchen Zügen einer gigantischen Übersetzungsarbeit gleicht, entwickelte sich allmählich ein tiefes Verständnis für die Leiden des Kindes, das schon in unser Alltagswissen abzusinken beginnt. Ihre Pionierarbeit hat die großartige Andersartigkeit der infantilen inneren Welt ausloten helfen ... Sie hat die magische Dimension des kindlichen Denkens skizziert, die Egozentrik sowie die wilde Leidenschaftlichkeit des Gefühlslebens, das einzig vom eigenen Triebdruck bestimmte Zeiterleben.

«Im Zeichen des Vaters. Zum Tod von Anna Freud»:
In: «Frankfurter Allgemeine Zeitung» vom 11. Oktober 1982,
Nr. 235, S. 25

Peter R. Hofstätter

Obwohl es schwer ist, im Schatten eines ganz Großen ein eigenes Profil zu gewinnen, ist dies Anna Freud durch die Entwicklung ihrer Art der Kinderanalyse gelungen ... Weil sie allerdings ganz im Sinne ihres Vaters die Zügelung des Trieblebens und die «Herrschaft über das Es» forderte und lehrte, fehlte ihr in den Augen linker Utopisten der Nimbus des Progressiven. Sie hat das gespürt, ohne sich davon beeindrucken zu lassen. Sie verstand wohl auch ihre Gegner besser, als diese sie zu deuten wußten.

«Antigone und Kaiser Napoleon. Zum Tode Anna Freuds».
In: «Die Welt», 11. Oktober 1982

Peter Heller
... die Versklavung, die Tyrannis, die wohlmeinende Diktatur, die Anna Freud errichtete, oder die durch den orthodoxen Analysenkult um sie herum und anderwärts errichtet wurde, ist von Vielen in meiner wie auch in der Generation der Enkel bemerkt und äußerst scharf kritisiert worden.

Was endlich die Verengung aufs Sexuelle betrifft, die jedenfalls zur Zeit meiner Kinderanalyse deutlich war, so gewann diese bei Anna Freud ... noch eine sonderbare Note dadurch, daß sie ja bei aller inspirierenden Wahrhaftigkeit und Offenheit gegenüber den Erwägungen der Sexualität einem Puritanismus Vorschub leistete oder anhing. Sehr stark und wirksam war sie in der Forderung und Förderung der «Sublimierung». Jedoch, obschon die Analyse auf dem Boden der Sexualität errichtet war und allzu Vieles doktrinär ins Sexuelle einebnete, war Anna Freud der Sexualität in ihren expliziten, eigentlichen Manifestationen nicht eigentlich freundlich gestimmt, oder hatte doch eine so feste und genau umschriebene Vorstellung von ihr, daß der Sexualität dabei nicht recht wohl werden konnte; wie dies sich auch später in der genitaler Sexualität im Grunde abholden Grundstimmung des Kreises um Anna Freud mit seiner formellen, altjüngferlichen Heiligkeit und seinem selbstgerechten peniblen, defensiven Puritanismus manifestierte.

«Eine Kinderanalyse bei Anna Freud (1929–1932)».
Würzburg 1983. S. 297 f

John Bowlby
Unsere Begegnungen waren immer ganz freundschaftlich, und man war natürlich berührt von ihrer Wärme, ihrem Charme, ihrer Vitalität und Klarheit.

Charakterzüge, die mich besonders beeindruckten, waren jedoch ihre Bescheidenheit und ihr Respekt vor anderen. Charakterzüge, die manchmal in merklichem Kontrast zu denen anderer Kollegen standen ...

Als ich 1950 für die Weltgesundheitsorganisation einen Bericht über die geistige Gesundheit heimatloser Kinder vorbereitete, war es für mich selbstverständlich, Anna Freud um ein Interview zu bitten, das sie bereitwillig arrangierte. Da sie mit Dorothy Burlingham für den Aufbau der

Hampstead Nurseries während des Krieges verantwortlich gewesen war, erstaunte es mich, wie unzufrieden sie über solche Einrichtungen für junge Kinder war. In einer anschaulichen Ausdrucksweise bemerkte sie, daß sie nun denke, daß es besser gewesen wäre, wenn jeder ihrer Helfer ein Paar Kinder aufgelesen hätte und sie, eins auf jedem Arm, mit nach Hause genommen hätte.

Recollections of Anna Freud, Brief vom 10. Juni 1983
[Übersetzung aus dem Englischen]

Annelise Krantz

Die graphologische Analyse der Schrift von Anna Freud hebt ein Doppel-Bild heraus:

Das erste Bild zeigt ein kraftvoll durchformtes Leitbild, das sich verpflichtend auf die ganze Lebensführung auswirkt; vermutlich hängt es mit der Identifikation mit dem Leben und Werk ihres Vaters zusammen. Dieses Leitbild wird getragen von dem «langen Atem» eines dynamisch-vitalen Fundus. Daraus speisen sich einmal eine ausgeprägte (ichhafte) Durchformung der Persönlichkeit – mit ihrer Disziplin, Organisationsfähigkeit, Aktivität und Beharrlichkeit –; zum anderen aber auch Qualitäten wie Mut, Selbstbewußtsein und Mitgefühl.

Anna Freud kann sowohl bestimmen wie gewinnen, fordern und geben. Sie will Autorität sein und weiß sich trotz ihrer Gemütsregungen gut zu behaupten.

Bei schärferem Zusehen erweist sich jedoch ein zweites Bild seelischen Lebens als wirksam. Hinter der disziplinierten Haltung von Anna Freud leben innere Spannungen: «freischwebende» Sehnsüchte und Wünsche, die vor Verpflichtungen zurücktreten mußten; damit verbunden auch Ängste und Zwänge. Zugleich treten hier aber auch Züge heraus wie Intuition, origineller Einfallsreichtum und eigenwüchsige Unbefangenheit (eine Analyse der Notizen von Anna Freud bestätigt, was sich in Briefen nur andeutet).

Das macht diese im ganzen so durchorganisierte Persönlichkeit menschlich beweglicher und liebenswerter und bewahrt sie davor, daß ihre Festigkeit sich ins Starre verliert.

(Graphologische Analyse des Briefes Anna Freuds auf S. 91)

Bibliographie

1. Bibliographien

Veröffentlichungen Anna Freuds, in: BESSER, R.: Leben und Werk von Anna Freud, Diss., Mainz 1976, S. 231–245
Publikationsgeschichte der Schriften von Anna Freud, in: Die Schriften der Anna Freud, Bd. X., München 1980, S. 2943–2979

2. Gesamtausgaben

FREUD, A.: The Writings of Anna Freud
    I. Introduction to Psychoanalysis. Lectures for Child Analysts and Teachers. 1922–1935 (1974)
    II. The Ego and the Mechanisms of Defense. 1936 (1971)
    III. Infants without Families and Reports on the Hampstead Nurseries. 1939–1945 (1974)
    IV. Indications for Child Analysis and other Papers. 1945–1956 (1968)
    V. Research at the Hampstead Child Therapy Clinic and other Papers. 1956–1965 (1970)
    VI. Normality and Pathology in Childhood. Assessment and Development. 1965 (1969)
    VII. Problems of Psychoanalytic Training, Diagnosis and the Technique of Therapy. 1966–1970 (1971)
    VIII. Psychoanalytic Psychology of Normal Development. 1970–1980 (1981) New York, Intern. Universities Press. London, Hogarth Press and The Institute of Psycho-Analysis
FREUD, A.: Die Schriften der Anna Freud
    I. 1922–1936, Einführung in die Psychoanalyse, Vorträge für Kinderanalytiker und Lehrer, Das Ich und die Abwehrmechanismen
    II. 1939–1945, Kriegskinder, Berichte aus den Kriegskinderheimen «Hampstead Nurseries» 1941 und 1942
    III. 1939–1945, Anstaltskinder, Berichte aus den Kriegskinderheimen «Hampstead Nurseries» 1943–1945
    IV. 1945–1956, Indikationsstellung in der Kinderanalyse und andere Schriften
    V. 1945–1956, Psychoanalyse und Erziehung und andere Schriften
    VI. 1956–1965, Forschungsergebnisse aus der «Hampstead Child Therapy Clinic» und andere Schriften
    VII. 1956–1965, Anwendung psychoanalytischen Wissens auf die Kindererzie-

hung und andere Schriften
VIII. 1965, Wege und Irrwege in der Kinderentwicklung
  IX. 1966–1970, Probleme der psychoanalytischen Ausbildung, der Diagnose und der therapeutischen Technik
   X. 1971–1980, Psychoanalytische Beiträge zur normalen Kinderentwicklung, Gesamtregister
München, Kindler Verlag, 1980; Frankfurt/Main, Fischer Verlag, 1987

3. Übersetzungen durch Anna Freud

VARENDONCK, J.: Über das vorbewußte phantasierende Denken, Intern. psa. Bibliothek XII, 1922

LEVINE, I.: Das Unbewußte, Intern. psa. Bibliothek XX, 1926

BONAPARTE, M. (mit S. Freud): Topsy, der goldhaarige Chow, Amsterdam 1939

DANN, S. U. FREUD, A.: Gemeinschaftsleben im frühen Kindesalter; in: «Heimatlose Kinder», Frankfurt/M., 1971

BURLINGHAM, D. (mit L. Salber): Labyrinth Kindheit, München 1980

BURLINGHAM, D.: Blind in einer Welt für Sehende, in: Zeitschr. f. klin. Psychologie und Psychotherapie. Jg. 29, 1982, S. 315–329

4. Erstausgaben wichtiger Einzelwerke

FREUD, A.: Einführung in die Technik der Kinderanalyse, Leipzig/Wien/Zürich, Intern. psychoanalytischer Verlag, 1927

FREUD, A.: Einführung in die Psychoanalyse für Pädagogen, Vier Vorträge, Stuttgart, Hippokrates, 1930

FREUD, A.: Das Ich und die Abwehrmechanismen, Wien, Intern. psychoanalytischer Verlag, 1936

FREUD, A. (mit Dorothy Burlingham): Young Children in War-Time: A Year's Work in a Residential Nursery, London, Allen & Unwin, 1942

FREUD, A. (mit Dorothy Burlingham): Infants Without Families: The Case for and Against Residential Nurseries, London, Allen & Unwin, 1943

FREUD, A.: Normality and Pathology in Childhood: Assessments of Development, New York, Intern. Universities Press, 1965

FREUD, A. (mit Thesi Bergmann): Children in the Hospital, New York, Intern. Universities Press, 1965

5. Schriften, die nicht in der deutschen Gesamtausgabe Anna Freuds enthalten sind

Ein Gegenstück zur Tierphobie der Kinder, Abstr.: Int. Z. Psa. 15, 1929, S. 518

Psa. of the Child, in: A Handbook of Child Psychology, hrsg. v. C. MURCHISON, London: Oxford Univ. Press. 1931, S. 555–567

Deutsch: Psa. des Kindes, Z. psa. Päd., 1932, 6:5–20, auch in: Almanach Psa., 1933, S. 177–197

Child Analysis. The Survey, 68; 1932, S. 398–399, S. 414–415
   Deutsch: Erzieher und Neurose, Z. Psa. Päd. 6; 1932, S. 393–402
Psychoanalytische Pädagogik, in: Psychotherapeut. Praxis, 3; 1936, S. 32–35
Sex in Childhood, Health Educ. J., Bd. 2, Nr. 1, 1944
Difficulties of Sex Enlightenment, Health Educ. J., Bd. 2, Nr. 2, 1944
Sublimation as a Factor in Upbringing, Health Educ. J., Bd. 6, Nr. 3, 1948, S. 25–29
Vorwort zu: H. SACHS, Masks of Love and Life. Cambridge/Mass.: Sci-Art, 1948
Vorwort zu: H. A. VAN DER STERREN, The Adventures of King Oedipus According to the Tragedies of Sophocles. Amsterdam: Scheltema & Holkema, 1948
Problèmes d'adaptation posés par l'éduction des enfants qui ont souffert de la guerre. Psyché (Paris), 1; 1949, S. 181–188
The Psycho-Analytical Treatment of Children, London: Imago Publishing Co, 1949 (Vorwort dazu ist zugunsten einer Einführung in die Schriften weggelassen worden. Seine wesentlichen Ausführungen sind jedoch in die Einführung in die Schriften eingegangen)
Aggression in Relation to Emotional Development: Normal and Pathological (1947). The Psa. Study of the Child, 3/4, 1949, S. 37–42 und Kap. 23: Writings, Bd. IV, 1968 (Kurzdarstellung von Notes on Aggression, s. Bemerkungen zur Aggression, Kap. 3 in Schriften, Bd. IV, 1980)
The Infantile Instinct-Life, in: Elements of Psa., hrsg. v. G. M. KURTH & H. HERMA, 1950 und in Taschenbuch: unter dem Titel «A Handbook of Psa.», Cleveland: World Publishing Co, 1963, S. 95–104
Vorwort der Herausgeber zu: SIGMUND FREUD, Ges. Werke, Bd. I., London 1952
The Problem of Aggression and Its Relation to Normal and Pathological Development, Harofé haivri (The Hebrew Medical Journal), 50, 1956, S. 214–215
Special Experiences of Young Children Particularly in Times of Social Disturbance, in: Mental Health and Infant Development, hrsg. v. SODDY, London, Bd. I, 1956, S. 141–160
Einführung zu: R. A. SPITZ, Die Entstehung der ersten Objektbeziehungen, Stuttgart, 1957
Mitteilung in: 1856–1956: Centenaire de la Naissance de Sigmund Freud, Paris: Presses Universitaires de France, 1957, S. 12–13
Die Kinderneurose, in: Das psa. Volksbuch, hrsg. v. P. FEDERN und H. MENG, Bern, 1957, S. 203–214
Defence Mechanisms. Encyclopaedia Britannica. Chicago/London/Toronto, 1959
Geleitwort zum Jahrbuch der Psa., Köln: Westdeutscher Verlag, 1960
Assessment of Childhood Disturbances, in: The Psa. Study of the Child, Bd. 17, 1962, S. 149–158 (Auszüge in: Die Schriften der Anna Freud, Bd. VIII., S. 2265 ff)
The Concept of Developmental Lines, in: The Psa. Study of the Child, Bd. 18, 1963, S. 245–265. (In «Wege und Irrwege der Kinderentwicklung» eingegangen)
Regression as a Principle in Mental Development, in: Bulletin of the Menninger Clinic, 27, 1963, S. 126–139. (In «Wege und Irrwege der Kinderentwicklung» eingegangen)
Vorwort zu: A. AICHHORN, Delinquency and Child Guidance. Selected Papers, hrsg. v. O. FLEISCHMANN, P. KRAMER u. H. ROSS, New York: Intern. Universities Press, 1964
Some Recent Developments in Child Analysis. Psychotherapy and Psychosomatics, 13; 1965, S. 36–46, Basel/New York

The Hampstead Child-Therapy Clinic, An Informal Seminar, Washington: National Institute of Child Health and Human Development, National Institute of Health, 1965

Geleitwort zu: R. A. Spitz, Vom Säugling zum Kleinkind, Stuttgart, 1965

Vorwort zu: Sex and the College Student, formulated by the committee on the College Student, Group for the Advancement of Psychiatry, hrsg. v. Eddy, New York, 1966

Vorwort zu: H. Nagera, Vincent van Gogh. London, Allen & Unwin, 1967

Vorwort zu: The Hampstead Clinic Psa. Library Series, 1968 hrsg. v. H. Nagera, London, Allen & Unwin 1969–1970, s. Kap. 17 in: Writings, Bd. VII, 1971

A la mémoire de Marie Bonaparte, Rev. Frc. Psa. 29, 1965, S. 1f.

Nachruf: Willi Hoffer. The Psa. Study of the Child, 23; 1968, S. 7–9

(mit W. Hoffer) Vorwort zu: S. Freud, Gesammelte Werke, Bd. XVIII, Gesamtregister, Frankfurt/Main, Fischer Verlag, 1968

Die psychoanalytische Psychologie der Kindheit und ihre Quellen, in: Psyche 22, 1; 1968, S. 405–409

Services for Unprivileged Children (1966), Kap. 6 in: Writings, Bd. V, 1969

A 75th Birthday Tribute to Heinz Hartmann, in: Intern. Journal of Psa, Bd. L; 1969, S. 721

Remarks on The Fiftieth Birthday of The International Journal of Psa., in: Intern. Journal of Psa, 50; 1969, S. 473–474

Vorwort zu: 10 Jahre Berliner Psa. Institut, unveränderter Nachdruck, Meisenheim 1970

The Child as a Person in His Own Right, in: The Psa. Study of the Child, 27; 1972, S. 621–625

(mit Joseph Goldstein und Albert J. Solnit): Beyond the Best Interests of the Child, New York 1972 (wiederaufgelegt 1979)
Deutsch: Jenseits des Kindeswohls, Frankfurt/Main 1974

Edith B. Jackson: In Memoriam, 1972, J. Americ. Acad. of Child Psychiatry, 17; 1975, S. 730–731

Vorwort zur Neuausgabe von: «Das Ich und die Abwehrmechanismen» (1974), München 1975

The Rights of the Child, 1975, Assoc. Brit. Adoption and Fostering Agencies, London 1977

Vorwort zu: Rita Kramer, «Maria Montessori – Leben und Werk einer großen Frau», München 1977

On ‹The Hampstead Bulletin›, in: Bull. Hampstead Clin., Vol. 1, Part 1, 1978

The Principle Task of Child Analysis, in: Bull. Hampstead Clin., Vol. 1, Part 1, 1978

Dreifuss, W.: Kindergesichter, Begegnungen, Zeichnungen. Hrsg. von Heinz Herzker, 1978, Beiträge von Asperger, H., Freud, A., Illingworth, R. S., Metzger, W., Schenk-Danzinger, L., Suppiger, R.

(mit Joseph Goldstein und Albert J. Solnit): Before the Best Interests of the Child, New York, Free Press, 1979

Foreword to: Dorothy Burlingham: To Be Blind in a Sighted World, in: The Psa. Study of the Child, Vol. XXXIV, 1979, S. 3f

Nachruf: Dorothy Burlingham (1979), in: The Psa. Study of the Child, Vol. XXXV, 1980, S. X–XIV

Contribution Read During the Dorothy Burlingham Memorial Meeting at the Hampstead Clinic, in: Bull. Hampstead Clin., Vol. 3, Part 2, 1980

Obituary. Adele W. Morrison, in: Bull. Hampstead Clin., Vol. 3, Part 4, 1980, S. 261

Discussions in the Hampstead Index on ‹The Ego and the Mechanism of Defence›, in: Bull. Hampstead Clin., ab Vol. 3, Part 4, 1980 in den folgenden 12 Bdn.

The Concept of Developmental Lines: Their Diagnostic Significance, in: The Psa. Study of the Child, Vol. XXXVI, 1981

Anna Freud Answers Student's Questions, in: Bull. Hampstead Clin., Vol. 4, Part 1, 1981, S. 31 ff

Foreword to: W. Hoffer: Early Development and Education of the Child, London 1981

Scientific Forum on the Superego: Its Early Roots and the Road from Outer to Inner Conflict as Seen in Psychoanalysis. A. Report on the Discussions, in: Bull. Hampstead Clin., Vol. 4, Part 2, 1981, S. 77–117

Obituary. G. G. Bunzl, in: Bull. Hampstead Clin., Vol. 4, Part 2, 1981, S. 143

A psychoanalytic view of sexual abuse by parents, in: Sexually Abused Children and their Families, Ed. Beezley & Kempe, Oxford 1981

s. Sandler, J., Kennedy, H., Tyson, R. L.: Kinderanalyse, Gespräche mit Anna Freud, Frankfurt/Main 1982

Scientific Forum on the Psychoanalytic Approach to the Nature and Location of Pathogenesis, in: Bull. Hampstead Clin., Vol. 5, Part 2, 1982, S. 87–152

The Past Revisited. The Annual of Psychoanalysis, in: Bull. Hampstead Clin., Vol. 6, Part 1, 1983, S. 107–113

Excerpts from Seminars and Meetings, in: Bull. Hampstead Clin., Vol. 6, Part 1, 1983, S. 115–128

(mit Goldstein, J., Solnit, A. J., Goldstein, S.): In the Best Interests of the Child – The Professionals Dilemma, Chapter 1. The Problems and Our Questions, in: Bull. Hampstead Clin., Vol. 6, Part 1, 1983, S. 129–133; Buchveröffentlichung: New York, Free Press, 1983

Heller, P. und Bittner, G. (Hrsg.): Eine Kinderanalyse bei Anna Freud (1929 bis 1932) (mit Dokumentation und Notizen von Anna Freud), Würzburg 1983

Problems of Pathogenesis. Introduction to the Discussion, in: The Psa. Study of the Child, Vol. XXXVIII, 1983, S. 383 ff

Sandler, J., Freud, A.: Die Analyse der Abwehr, Stuttgart 1989 (Übersetzung der Gespräche über «Das Ich und die Abwehrmechanismen» aus Bull. Hampstead Clin.) Vol. 3; Part 4; 1980, Vol. 4; Part 1, 2, 3, 4; 1981, Vol. 5; Part 1, 2, 3, 4; 1982, Vol. 6; Part 3, 4; 1983, Vol. 7; Part 1, 2, 4; 1984

6. Zeugnisse, Materialien, zur Biographie (eine Auswahl)

Besser, R.: Leben und Werk von Anna Freud, Diss., Mainz 1976
  Leben und Werk von Anna Freud, in: Psychologie des 20. Jahrhunderts, Bd. III, S. 130 ff., Zürich 1977, Zusammenfassung der Diss.

Biermann, G.: Anna Freud – ein Leben für die Kinderanalyse, in: Handbuch der Kinderpsychotherapie, Bd. IV, München 1981

Bowlby, J.: Recollections of Anna Freud, Brief vom 10. 6. 1983

Bulletin of the Hampstead Clinic, Anna Freud 1895–1982, Vol. 6, Part 1, 1983, Beiträge von: Argelander, H., Bon, G., Brenner, N., Colonna, A., Cooper, Ch., Couch, A., Dann, G., Dann, S., Ekstein, R., Erikson, E., The

Field Foundation, FREUD, W. E., FRIEDMANN, M., GARDINER, M., GILLESPIE, W., GOLDBERGER, A., GOLDSTEIN, J., GRUBRICH-SIMITIS, I., HEINICKE, CH., KEARNEY, CH., KENNEDY, H., LAMPL-DE GROOT, J., LANDAUER, E., LUSSIER, A., MAENCHEN, A., MAHON, E., POLLOCK, G., ROBERTSON, J., SCHWARZ, H., VALENSTEIN, A., VAS DIAS, S., WALLERSTEIN, J., YORKE, C.

CLARK, R. W.: Sigmund Freud, Frankfurt/Main 1981

COLLINS, G. C.: Anna Freud, an Educational Biography with Implications for Teaching, Intern. Journal of Psa., Bd. LXI., 1980

EISSLER, K. R.: Interview über Anna Freud, in: MALCOLM, J.: Annals of Scholarship. Troubles in the Archives – I., The New Yorker, Dec. 5, 1983

EKSTEIN, R.: Wie ich mich an sie erinnere: in memoriam Anna Freud (1895–1982), in: Sigmund Freud House Bulletin, Vol. 6/No. 2, 1982, S. 10 ff

FREUD, M.: Glory Reflected. Sigmund Freud – Man and Father, London 1957

FREUD, S., Briefe 1873–1939, Frankfurt/Main 1968

    ARNOLD ZWEIG – Briefwechsel, Frankfurt/Main 1968

    LOU ANDREAS-SALOMÉ – Briefwechsel, Frankfurt/Main 1966

    Aus den Anfängen der Psychoanalyse, 1887–1902, Briefe an WILHELM FLIESS, Frankfurt/Main 1962

FROMMKNECHT, M.: Anna Freud, in: S. RATTNER (Hrsg.): Der Weg zum Menschen, Wien 1981, S. 35–63.

GARDINER, M.: Freud's brave Daughter. Obituary. An Appreciation of Anna Freud, in: Observer, 10. 10. 1982

GILLESPIE, W.: Notes on the Origin and Development of the Intern. Psycho-Analytical Association, in: IPA Newsletter, Vol. XV, No. 1, Jan. 1983

GRUBRICH-SIMITIS, I.: Die Stimme des Intellekts ist leise. Anna Freud zum 80. Geburtstag, in: Frankfurter Allgemeine Zeitung, Nr. 283, 6. 12. 1975

HELLER, P., und BITTNER, G. (Hrsg.): Eine Kinderanalyse bei Anna Freud, (1929–1932), Würzburg 1983

HELLMAN, I.: Work in the Hampstead War Nurseries, in: Intern. Journal of Psa., Vol. 64, Part 4, 1983, S. 435–440

JONES, E.: Leben und Werk von Sigmund Freud, 3 Bände, Bern 1960

KAPLAN, D. M.: Since Freud, in: Harper's Magazine, August 1968, S. 55–60

KAPLAN, L. J.: The Work of Anna Freud, in: Psychiatry and Social Science Review, Vol. 5, No. 5, April 1971, S. 22–29

KENNEDY, H.: Anna Freud, 1895–1982, in: Psa. Quaterly, LII, 1983, S. 501 bis 506

LAIBLE, E.: Anna Freud und die Entwicklung der Psychoanalyse (5 Vorträge als österreichischer Beitrag für die ‹Internationale Radiouniversität› Paris), in: Jahrbuch der Psa., 10, 1978, S. 41 ff

    Dr. Anna Freud, in: Österreicher, die der Welt gehören, hrsg. v. Mobil Oil Austria GmbH, Wien 1979, S. 10–23

    Anna Freud – Von der Arbeit ihres Lebens, 1895–1982, in: Studien zur Kinderpsychoanalyse 1982, Jb. II, hrsg. von der österreichischen Studiengesellschaft für Kinderpsychoanalyse, S. 18 ff

LUSTMAN, L. S.: The Scientific Leadership of Anna Freud, in: J. of the American Psa. Assoc., Vol. XV, No. 4, 1967, S. 810–827

McGILL, W. J.: Honorary Degree for Anna Freud, 1978

PETERS, U. H.: Anna Freud. Ein Leben für das Kind, München 1979

REICH, W.: Reich Speaks of Freud, Farrer, Straus & Giroux, USA 1967

ROAZEN, P.: Sigmund Freud und sein Kreis. Eine biographische Geschichte der Psychoanalyse, Bergisch Gladbach 1976

ROTH, J. K.: Verleihung des Ehrendoktors der Johann-Wolfgang-Goethe-Universität an Anna Freud, 1982

SANDLER, J., KENNEDY, H., TYSON, R. L.: Kinderanalyse. Gespräche mit Anna Freud, Sonderausgabe Frankfurt/Main 1988

SCHUR, M.: Sigmund Freud – Leben und Sterben, Frankfurt/Main 1973

STROTZKA, H.: Laudatio auf Anna Freud, anläßlich der Verleihung des Ehrendoktorats der Universität Wien am 26.5.1972 gehalten, veröffentlicht als Nachruf in: Wiener klinische Wochenschrift, 95. Jg. Heft 2, 1983

WOLFFHEIM, N.: Sigmund Freud und Anna Freud, in: Praxis der Kinderpsychologie und Kinderpsychiatrie 5/1976, S. 216–219

7. Stellungnahmen zu den Werken Anna Freuds

ALEXANDER, F.: Zu Melanie Kleins «Die Psychoanalyse des Kindes», darin Stellungnahme zu A. F.s Kinderanalyse, in: Intern. Z. f. Psa. XIX. Bd., 1933, S. 219–235

BERNA, J.: «Zur Technik der Kinderanalyse», in: Psyche 3, 1949–50, S. 600–622

BERNFELD, S.: Replik auf die Rezensionen von COHN und MÜLLER, in: Z. Psa. Päd. II, 1927/28, S. 102

BRINER, O.: Zu: « Das Ich und die Abwehrmechanismen», in: Zentralblatt für Psychotherapie und ihre Grenzgebiete einschließlich … (Hrsg. GÖRING und C. G. JUNG), Bd. 9, 1936, S. 373 ff

BROSER, S., PAGEL, G. (Hrsg.): Psychoanalyse im Exil. Texte verfolgter Analytiker, Würzburg 1987

COHN, E.: Zu: «Einführung in die Technik der Kinderanalyse» in: Intern. Z. f. Individualpsychologie, 5. Jg., 1927, S. 351–356

DYER, R.: Her Father's Daughter. The Work of Anna Freud, New York–London 1983

FENICHEL, O.: Zu: «Das Ich und die Abwehrmechanismen», in: Intern. Z. f. Psa, XXII. Bd., 1936, S. 596–609

FRANKL, L.: Die Hampstead Child-Therapy-Clinic; eine psychoanalytische Kinderklinik, in: BIERMANN, G. (Hrsg.), Handbuch der Kinderpsychotherapie, Bd. I, 1976, S. 139–151

FREUD, E. u. I.: Die Well-Baby-Clinic, in: BIERMANN, G. (Hrsg.), Jahrbuch für Psychohygiene, 2. Bd., 1975, München–Basel, S. 119 ff

FREUD, W. E.: «Some general Reflections on the metapsychological Profile», in: Intern. Journal of Psa., Bd. 49, 1968, S. 498–501

FRIJLING-SCHREUDER, E. C. M.: Buchbesprechung der «Writings of Anna Freud», in: Psyche Bd. 29, 2; 1975, S. 1141–1146, Psyche Bd. 31, 1; 1977, S. 476–479, Psyche Bd. 31, 2; 1977, S. 1144–1149

GLOVER, E.: Zu: «Introduction to Psa. for Teachers», in: Intern. Journal of Psa., Bd. XII, 1931, S. 369–370
Zu: «Das Ich und die Abwehrmechanismen», in: Intern. Journal of Psa., Bd. XIX, 1938, S. 115–146

GREENSON, R. R.: The Voice of the Intellect is a Soft One. A Review of the «Writings of Anna Freud», Vol. 4, 1945–56, in: Intern. Journal of Psa., Vol. 53, Part 3, 1972, S. 403–417
Transference; Freud or Klein, in: Intern. Journal of Psa., Bd. 55, 1974, S. 37–51

HARTMANN, H.: Zu: «Zur Theorie der Kinderanalyse», in: Allgemeine ärztliche Zeitschrift für Psychotherapie und psychische Hygiene, Bd. 2, 1929, S. 56f

Zu: «Einführung in die Psychoanalyse für Pädagogen», in: Allg. ärztl. Zeitschr. f. Psychotherapie u. psychische Hygiene, Bd. 3, 1930, S. 56f

Zu: «Normality and Pathology in Childhood», in: Intern. Journal of Psa. 48, 1967, S. 97–101

mit KRIS, E.: The Genetic Approach in Psycho-Analysis, in: The Psa. Study of Child, Bd. I., 1945, S. 11–30

HASSENSTEIN, B.: Zu: «Jenseits des Kindeswohls», «Faktische Elternschaft»: Ein neuer Begriff der Familiendynamik, in: Familiendynamik, Interdisziplinäre Zeitschrift für Praxis und Forschung, Jg. 2, Stuttgart 1977

HAYMANN, A.: Zu: «Beyond the Best Interests of the Child», in: Intern. Journal of Psa., Bd. LV, 1974, S. 265–272

HENDRICK, I.: Zu: «Das Ich und die Abwehrmechanismen», in: Psychoanalytic Review, Bd. XXV, No. 4, 1938, S. 476–497

HOLDER, A.: Kinderpsychotherapie aus der Sicht der Hampstead-Clinic, München– Basel 1979

HOMBURGER, E. E.: Zu: «Einführung in die Psychoanalyse für Pädagogen», in: Z. f. Kinderforschung, Bd. 36, 1929/30, S. 163

zu den Rezensionen von COHN und MÜLLER, in: Z. f. Kinderforschung, Bd. 34, 1928, S. 141–142

JONES, E.: Zu: «Das Ich und die Abwehrmechanismen», in: Intern. Z. f. Psa., XXII. Bd., 1936, S. 595–596

KENNEDY, H.: Problems in Reconstruction in Child Analysis, in: The Psa. Study of the Child, Vol. XXVI, 1971, S. 386–402

The Hampstead Centre for the Psa. Study and Treatment of Children, in: Bull. Hampstead Clinic, 1978, No. 1

KLEIN, M.: s. Symposium on Child Analysis, in: Intern. Journal of Psa, Bd. VIII, 1927

Die Psychoanalyse des Kindes, Intern. Psa. Verlag, Wien 1932

Constributions to Psa., London 1948

KRIS, E.: Opening Remarks on Psa Child Psychology, in: The Psa. Study of the Child, Bd. VI, 1951, S. 9–17

Zu: «Das Ich und die Abwehrmechanismen», in: Intern. Z. f. Psa., Bd. XXII., 1936, S. 609–617

KURPJUHN-PISCHON, I.: Anna Freud und die psychoanalytische Pädagogik, in: Miteinander Leben Lernen 13 (1988), 2, S. 56–62

LAMPL–DE GROOT, J.: Zu: «Difficulties in the Path of Psa. A Confrontation of past with present Viewpoints», in Psyche Bd. 27, 1; 1973, S. 180–183

The Development of the Mind. Psa. Papers on Clinical and Theoretical Problems, New York, Intern. Universities Press, 1965

MAENCHEN, A.: An Appreciation and Review of Anna Freud's Work, 1980

MEAD, M.: Zu: «Normality and Pathology in Childhood» ..., in: Intern. Journal of Psa. 48, 1967, S. 102–107

MENG, H.: Über Kinderanalyse, Vortrag 1927 vor: Société Psychoanalytique de Paris, in: Intern. Z. f. Psa., Bd. XIV., 1928, S. 293

MITSCHERLICH-NIELSEN, M.: Zu: «Das Konzept der Entwicklungslinien» und «Assessment of Pathology in Childhood», in: Psyche Bd. 18, 1964–65, S. 896–898

Zu: «The Psa Study of Child, Bd. XVIII», in: Psyche Bd. 18, 1964–65, S. 896–902

Zu: «Normality and Pathology in Childhood», in: Psyche 20, 1; 1966, S. 143–153

Zu: «Wege und Irrwege in der Kinderentwicklung», in: Psyche 23, 1; 1969, S. 225 f

MÜLLER, O.: Zu: «Einführung in die Technik der Kinderanalyse», in: Intern. Z. f. Individualpsychologie, 5. Jg., 1927, S. 356–361

NAGERA, H.: The Developmental profile. Notes on Some Practical Considerations Regarding Its Use, in: The Psa. Study of the Child, Vol. 16, 1963, S. 511 bis 540

und BOLLAND, J.: Das Entwicklungsprofil in seiner heutigen Form, in: Psyche, Bd. 7, 22. Jg. 1968, S. 534–552

PEARSON, G. (Hrsg.): Handbuch der Kinder-Psychoanalyse, Einführung in die Psychoanalyse von Kindern und Jugendlichen, nach den Grundsätzen der Anna Freud-Schule, München 1968

PUMPIAN-MINDLIN, E.: Anna Freud und Erikson, in: ALEXANDER, F., EISEN-STEIN, S. und GROTJAHN, M. (Hrsg.): Psychoanalytic Pioneers, New York–London 1966

RADO, S.: Zu: «Einführung in die Technik der Kinderanalyse», in: Intern. Z. f. Psa., Bd. XIV., 1928, S. 540–546

REIK, TH.: Zu: IX. Kapitel von: «Das Ich und die Abwehrmechanismen», in: Intern. Z. f. Psa., Bd. XXIII., 1937, S. 306–313

RIVIERE, J.: «On the Genesis of psychical Conflict in earliest Infancy», in: Intern. Journal of Psa., Bd. XVII, Part 4, 1936, S. 395–422

ROSS, H.: Anna Freud's Diagnostic Profile: A Discussion, 1971

SANDLER, J.: The Hampstead Index as an Instrument of Psycho-Analytic Research, in: The Intern. Journal of Psa., Vol. XLIII, 1962, S. 287 ff

mit KAWENOKA, M., NEURATH, L., ROSENBLATT, B., SCHNURMANN, A., SI-GAL, J.: The Classification of Superego Material in the Hampstead Index, in: The Psa. Study of the Child, Vol. XVII, 1962, S. 107–127

SCHMIDEBERG, M.: A Contribution to the History of the Psychoanalytic Movement in Britain, in: Brit. J. Psychiatry (1971), 118, S. 61–68

SHEEHAN-DARE, H.: Zu: «Infants without Families», in: Intern. Journal of Psa. Bd. XXVI, 1945, S. 78–79

SHARPE, E. F.: Zu: «The Psycho-Analytical Treatment of Children», in: Intern. Journal of Psa. Bd. XXVII, 1946, S. 156–158

SHERICK, I.: Anna Freud's Views on the Role of the Mother in Early Child Development and Psychopathology, in: Bull. Hampstead Clin., Vol. 6, Part 3, 1983, S. 277 ff

The Intern. Journal of Psa., Vol. 64, Part 4, 1983, Sonderausgabe zu Anna Freud

WAELDER, R.: The Problem of the Genesis of Psychical Conflict in Earliest Infancy, in: Intern. Journal of Psa., Bd. XVII, 1936, S. 406 ff

YOUNG-BRUEHL, E.: Anna Freud, New York 1988

Anna Freud being analysed, in: Partisan Review 55 (1988), 4, S. 581

Namenregister

Über den Autor

Wilhelm Salber, geb. 1928 in Aachen, Dr. phil. 1952, Habilitation 1958, Professor 1959, seit 1963 Direktor des Psychologischen Instituts II der Universität zu Köln. Arbeitsschwerpunkte: Grundlagenforschung (Psychologische Morphologie), Kunst- und Kulturpsychologie, Geschichte der Psychologie, Psychotherapie. 25 Buchveröffentlichungen, 86 Abhandlungen in Handbüchern und Fachzeitschriften, u. a. «Entwicklungen der Psychologie S. Freuds» (3 Bde.), «Wirkungseinheiten», «Film und Sexualität», «Psychologie, Kunst, Behandlung», «Konstruktion Psychologischer Behandlung», «Psychologie in Bildern», «Psychologische Märchenanalyse», «Der Alltag ist nicht grau».

Quellennachweis der Abbildungen

Siegfried Andorf: 12, 36, 51, 68, 80

Archiv des Propyläen Verlags, Berlin: 23

Bilderdienst Süddeutscher Verlag, München: 64/65, 67

Michael John Burlingham: 118/119

Gertrud Dann: 74, 78

Eschen, Ullstein Bilderdienst, Berlin: 66

Sigmund Freud Copyright, Ltd. London: 17, 19

Keystone-Bild: 83, Rückseite

Tini Maresh: 108, 110

Mobil Oil, Wien: 14, 15, 24, 43, 113

Dr. Daniel Salber: 109

Dr. Linde Salber: 18, 86, 87, 97

Sammlung W. Ernest Freud: Vorderseite, 6, 8, 9, 10, 21, 26, 28, 29, 31, 35, 40, 44, 47, 88, 89, 91, 95, 104, 105, 106, 107, 114, 115, 116

TOPIX, London, über L. E. A., London: 77

Wide World Photos, New York: 70, 84

Zeichnung des Verfassers: 75

s. Christian Zentner: Illustrierte Geschichte des Dritten Reiches, München 1983, S. 279: 69

C 2057/7 b

C 2054/7

C 2054/7 a

C 2053/9

rowohlts bildmonographien

**Thema
Geschichte**

C 2053/9 a

rowohlts bildmonographien

**Thema
Kunst**

C 2056/7

rowohlts bildmonographien

**Thema
Theater,
Film**

C 2056/8 a

**Thema
Literatur**

**Eine
Auswahl**

bildmono ro ro ro graphien

C 2058/5 d